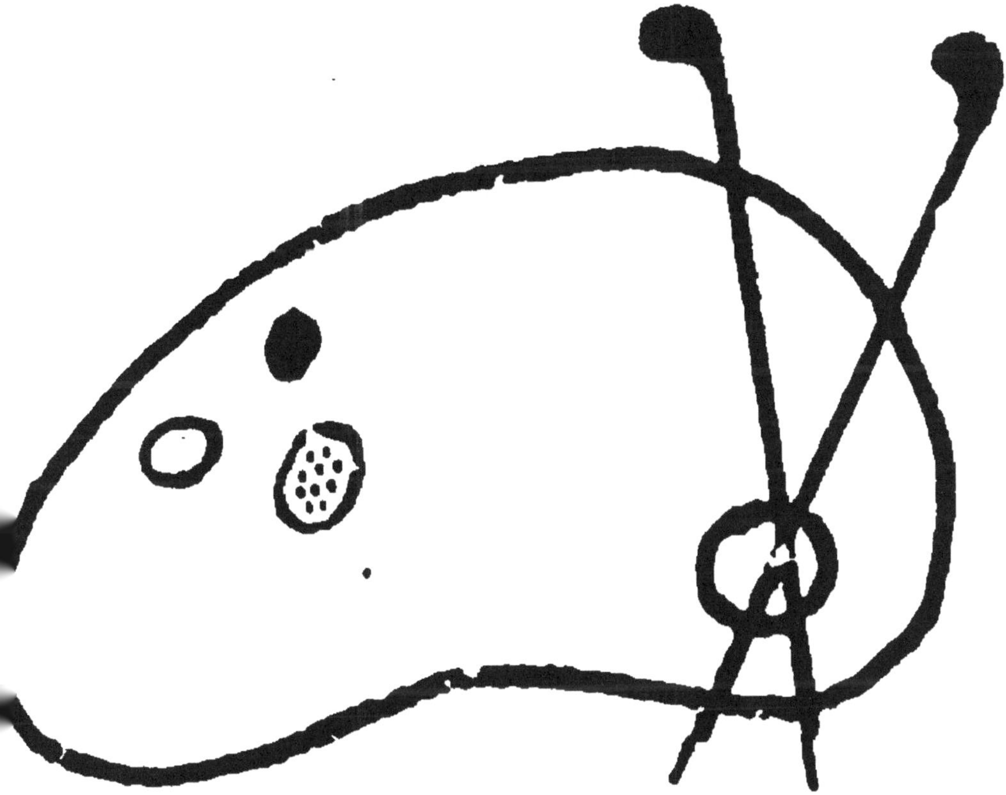

Couvertures supérieure et inférieure
en couleur

LA DIRECTRICE
DE POSTE

PAR

MARIE-ANGE DE T***

TOURS

ALFRED MAME ET FILS, ÉDITEURS.

BIBLIOTHÈQUE
DE LA
JEUNESSE CHRÉTIENNE

FORMAT PETIT IN-8

ADOLPHE, ou Comment on se corrige de l'Étourderie, par Ét. Gervais.
ANSELME, par Étienne Gervais.
ANTONIO, ou l'Orphelin de Florence, par L. F.
BARQUE DU PÊCHEUR (la), par L. F.
BARON DE CHAMILLY (le), par Étienne Gervais.
BASTIEN, ou le Dévouement filial, par Mme Césarie Farrenc.
BATELIÈRE DE VENISE (la), par Mlle Louise Diard.
CHAUMIÈRE IRLANDAISE (la), par L. F.
CLÉMENTINE, ou l'Ange de la réconciliation, par Marie-Ange de T***.
CORBEILLE DE FRAISES (la), par Marie-Ange de T***.
DIRECTRICE DE POSTE (la), par Marie-Ange de T***.
ÉLISABETH, ou la Charité du pauvre récompensée, par M. d'Exauvillez.
ÉLOI, ou le Travail, par Étienne Gervais.
EMMA ET ADÈLE, par Mlle Anna Roch.
EXILÉS DE LA SOUABE (les), par Mlle Louise Diard.
FILLE DU MEUNIER (la), ou les Suites de l'Ambition, par Mlle L. Diard.
HENRIETTE, ou Piété filiale et Dévouement fraternel, par Stéph. Ory.
JUDITH, ou l'une des Mille Merveilles de la Providence, par M. l'abbé Henry, directeur général au petit séminaire de Langres.
PAUL ET BÉATRIX, ou les heureuses Vacances, par Frédéric de Valserres.
PÊCHEUR DE PENMARCK (le), par E. Bossual.
SOLITAIRE DU MONT CARMEL (le), Épisode des premiers temps du Christianisme.
TANTE MARGUERITE (la), par Marie-Ange de T***.
TROIS COUSINS (les), ou le Prix du temps, par Théophile Ménard.
VACANCES DE NATALIE (les), par Mme Valentine Vattier.
VIERGE DES CAMPAGNES (la), ou Vie de la bienheureuse Oringa, par M. l'abbé Henry, directeur général au petit séminaire de Langres.

BIBLIOTHÈQUE

DE LA

JEUNESSE CHRÉTIENNE

APPROUVÉS

PAR Mgr L'ARCHEVÊQUE DE TOURS

SÉRIE PETIT IN-8°

PROPRIÉTÉ DES ÉDITEURS

« Madame la comtesse de Valbrun et mademoiselle de Valbrun! »
(P. 134.)

LA DIRECTRICE
DE POSTE

PAR

MARIE-ANGE DE T***

TOURS

ALFRED MAME ET FILS, ÉDITEURS

M DCCC LXVIII

LA
DIRECTRICE DE POSTE

CHAPITRE I

Madame Michaud de la Sablonnière et sa société.

Permettez, mes jeunes amies, qu'usant pour un instant du privilége dont jouissent les poètes et les écrivains fantaisistes, je vous transporte, sur les ailes de l'imagination, au milieu d'un riant paysage situé sur les bords du Cher, dans l'ancienne province du Berry. Nous sommes dans les plus beaux jours du printemps, au commencement de juin. Nous traversons, sur une chaussée bordée de deux rangs de peupliers, une vaste prairie qui étale à droite et à gauche de la route un immense tapis de verdure, émaillé de fleurs les plus brillantes et les plus variées. La rivière serpente à travers cette prairie, et vous pouvez en suivre les sinuosités à l'aide des aunes et des peupliers plantés le long de ses rives.

A l'extrémité de l'avenue que nous suivons, apercevez-vous des maisons qui bordent la route? C'est l'entrée, ou, si l'on veut, le faubourg de la petite ville de Saint-Christophe, dont il est séparé par un pont que nous pouvons découvrir d'ici. A mesure que nous avançons, vous distinguez mieux les maisons agglomérées de la ville, qui s'étendent le long de la rive gauche du Cher, et qui sont construites entre cette rivière et le coteau couvert de vignes et de vergers qui borne la vallée de ce côté. Ce coteau s'élève en pentes douces, avec des ondulations variées, excepté dans la partie située en face de nous, où il s'avance, en forme de promontoire escarpé, jusqu'au bord de la rivière, qu'il a forcée en quelque sorte de changer de direction.

Sur le point culminant de cette espèce de cap, vous voyez se dresser les murs d'un vaste château, bâti dans le style du XVIIe siècle, et qui probablement a remplacé quelque manoir féodal du moyen âge. C'était jadis la résidence des sires de Vieilleville, seigneurs de Saint-Christophe et lieux circonvoisins. Quoique la révolution leur ait enlevé une grande partie de leurs revenus, les représentants actuels de cette famille n'en comptent pas moins parmi les plus riches propriétaires de la contrée.

Regardez maintenant à gauche : sur le coteau qui semble fuir au levant du château, vous voyez plusieurs jolies villas s'élever au milieu des arbres, dans des positions variées et plus pittoresques les unes que les autres. Ce sont des maisons de campagne, appartenant les unes à de riches particuliers qui viennent y passer quelques mois pendant la belle saison; les autres à de simples bourgeois, à de simples rentiers de Saint-Christophe, qui en font leur résidence habituelle. De riches vignobles entourent la plupart de ces habitations, et de vastes caves, creusées dans le rocher, reçoivent le produit de ces vignes, qui, sous le nom de vins du Cher, jouissent d'une certaine réputation.

Mais poursuivons notre route, franchissons rapidement l'avenue et le pont qui la termine; tournons à gauche, et entrons dans la rue principale ou la Grand'rue, comme on l'appelle. Elle n'offre rien, comme vous le voyez, de bien remarquable : des maisons à un seul étage, rarement à deux; quelques boutiques dans les rez-de-chaussée, deux où trois auberges décorées du nom d'hôtel ; plusieurs cafés, un plus grand nombre de cabarets, etc. etc.

La Grand'rue, malgré son nom, n'est pas très longue ; elle se termine bientôt à une place assez étendue et assez régulière. En face de nous s'élève l'église paroissiale, — car la ville n'a qu'une paroisse ; — cette église, avec le presbytère à sa droite et la maison d'école à sa gauche, fait un des côtés de la place ; la mairie ou l'hôtel de ville, avec la justice de paix et la caserne de gendarmerie, forment le côté opposé et font face à l'église. Le troisième côté n'est que le prolongement du rang des maisons de la Grand'rue bâties le long de la rivière ; enfin le quatrième côté, faisant face à celui-ci, est formé par une vaste halle couverte, où se tient, à certains jours de la semaine, le marché au blé.

Sur cette place se trouvent, en outre, installés les principaux services publics, tels que le bureau de l'enregistrement, la recette des contributions et la poste aux lettres.

Deux rues partent de la place. L'une, à droite de l'église, s'appelle la rue des Tanneurs ; elle n'est en quelque sorte que la continuation de la Grand'rue, et elle se prolonge fort loin le long de la rivière, où sont établies de nombreuses mégisseries et tanneries qui lui ont donné son nom. L'autre, à gauche de l'église, est la rue du Château, ainsi nommée parce qu'elle conduit, par une pente adoucie, à un rond-point pratiqué à mi-côte, d'où part une avenue qui s'élève insensiblement jusqu'à la porte de l'ancien manoir de Vieilleville.

Engageons-nous dans cette rue, mais arrêtons-nous au rond-point; une autre fois peut-être irons-nous visiter le château; aujourd'hui je veux vous conduire à cette charmante villa que nous apercevons à une centaine de pas du rond-point, à l'extrémité d'une double allée de tilleuls. Deux pavillons de forme élégante sont bâtis de chaque côté de l'entrée principale : l'un sert de logement au jardinier, dont la femme remplit les fonctions de concierge; l'autre est une sorte de belvédère, d'où les habitants de la maison peuvent voir ce qui se passe sur la rue et sur l'avenue du château, sur la place publique et même dans la Grand'rue de Saint-Christophe. Je ne parle pas de la magnifique vue dont on jouit de ce point sur une grande partie de la vallée du Cher; car cet avantage appartient également à la façade de la maison qui regarde le nord, ainsi qu'à la terrasse qui règne du même côté tout le long des bâtiments.

Franchissons la grille élevée entre les deux pavillons dont nous venons de parler, et suivons cette allée sablée qui conduit, en contournant un frais gazon de forme circulaire, jusqu'au perron surmonté d'une marquise, où s'ouvre à deux battants la porte d'entrée de l'habitation. Pénétrons dans l'intérieur; traversons un corridor, une antichambre, des salons richement meublés; ressortons par une porte vitrée qui donne sur la terrasse, et allons nous installer derrière cette charmille qui forme un des côtés d'un joli salon de verdure où plusieurs personnes sont assises sur des sièges rustiques, et causent en prenant le frais. Là, toujours invisibles, examinons les personnages réunis dans cette enceinte de verdure, et écoutons leur conversation.

La première qui nous fait face et qui est assise, un éventail à la main, sur un banc de gazon garni de mousse, est la maîtresse de la maison. C'est une femme qui touche à la cinquantaine, mais qui, grâce à sa fraîcheur et à sa belle carnation, en annonce à peine quarante. Elle est veuve d'un riche banquier de Bourges, qui s'appelait M. Michaud; ce nom avait paru trop vulgaire à sa femme, et lorsqu'ils eurent fait l'acquisition de ce domaine situé sur le territoire de Saint-Christophe, madame exigea que son mari se fît appeler M. Michaud de la Sablonnière (c'était le nom de leur nouveau domaine), afin, disait-elle, de se distinguer de ses nombreux homonymes. Peu à peu le nom de Michaud a disparu complètement, et aujourd'hui la veuve du banquier ne prend plus d'autre nom que celui de Mᵐᵉ de la Sablonnière. Elle est venue, selon son habitude, passer cette partie de la saison à la Sablonnière, « afin, dit-elle, d'entendre chanter le rossignol. » En effet, dès que le rossignol aura cessé de chanter, c'est-à-dire vers la fin de juin, elle ira chercher d'autres distractions aux bains de mer ou aux eaux d'Allemagne ou des Pyrénées, selon que la mode attire le beau monde dans telle ou telle localité ; car ce n'est pas le soin de sa santé, — elle se porte à merveille, — mais le caprice de la mode qui seul la dirige dans ces excursions.

Pendant son séjour à la Sablonnière, elle reçoit de nombreuses visites de ses voisins de campagne et des principaux habitants de Saint-Christophe, qui forment autour d'elle une cour assidue ; nous disons cour, et avec raison, parce qu'une personne qui est riche à millions ne manque jamais de courtisans et de flatteurs.

Parmi les notabilités qui figurent en ce moment

auprès d'elle, je vous ferai remarquer d'abord cette dame assise à sa droite sur le même banc de gazon : c'est Mme Pasquier, épouse de M. le maire de Saint-Christophe, que vous voyez assis à gauche de la maîtresse de la maison. M. Pasquier est un personnage important : il a fait une fortune immense dans la fabrication et le commerce des cuirs ; depuis plus de vingt ans il est maire de la commune ; de plus, il est décoré et membre du conseil général du département. C'est un fort honnête homme, et n'étaient quelques petits travers, quelques petits ridicules qu'on lui reproche, on pourrait ajouter que c'est un homme parfait. Il a eu autrefois de nombreuses relations d'affaires avec la maison de banque Michaud de la Sablonnière et compagnie, ce qui explique l'espèce d'intimité qui règne aujourd'hui entre la veuve du banquier et la famille du maire. On dit même, — mais nous ne savons jusqu'à quel point ce bruit est fondé, — qu'il existe un projet de resserrer encore cette union entre les deux familles, en mariant Mlle Mélanie Pasquier, la fille du maire, avec M. Jules de la Sablonnière, fils unique des époux Michaud de la Sablonnière. Mlle Mélanie Pasquier est cette grande et belle jeune personne que vous voyez assise sur un tabouret près de sa mère. Elle a dix-huit ans à peine ; elle est sortie de pension il y a seulement quelques jours, et sa mère s'est empressée de la présenter à son amie. M. Jules de la Sablonnière est un jeune homme de vingt-cinq ans ; il est en ce moment à Paris, occupé à liquider quelques affaires importantes qui se rattachent à la succession d'un oncle paternel mort plusieurs mois auparavant.

Les autres personnes qui composent cette réunion sont : M° Beautain, notaire, et sa femme ; Mme Blanchon, épouse du juge de paix, et Mlle Henriette, sa fille, amie et camarade de pension de Mlle Mélanie ; puis deux ou trois voisines de campagne, personnages muets, que nous ne mentionnons que pour mémoire ; enfin M. le commandant Galtier, frère aîné de Mme de la Sablonnière. Ce dernier mérite une mention particulière.

Ancien élève de l'École polytechnique, ancien officier supérieur d'artillerie, M. Galtier est venu se fixer à Saint-Christophe dès qu'il a eu pris sa retraite. Beaucoup plus âgé que sa sœur, il a conservé sur elle une certaine autorité, dont elle se plaint souvent, mais à laquelle elle ne peut ni ne veut se soustraire. Lui seul, de toutes les personnes qui approchent sa sœur, lui parle avec franchise, ne lui épargnant au besoin ni les remontrances ni les reproches. On est étonné qu'une femme si hautaine et si impérieuse souffre sans murmurer les dures vérités que parfois son frère lui jette à la face avec une brusquerie toute militaire. Mᵐᵉ de la Sablonnière explique auprès de ses intimes cette soumission docile et presque humiliante, en disant que, son frère lui ayant tenu lieu de père, elle n'a jamais pu se soustraire à l'ascendant qu'il a pris sur elle dès son enfance; que, du reste, ces dehors un peu rudes cachent un cœur excellent, un caractère loyal et un esprit droit, réfléchi et doué d'un bon sens exquis; « enfin, ajoute-t-elle, n'était la forme quelquefois un peu brutale de ses conseils, je n'ai jamais eu qu'à m'en louer. »

Il y a du vrai dans les explications de cette dame. Elle aime réellement son frère; dans plus d'une occasion elle a reconnu la sagesse de ses conseils et n'a eu qu'à s'applaudir de les avoir suivis. « Mais ces excellentes raisons, observent tout bas ceux qui la connaissent, n'auraient pas suffi pour lui faire accepter l'autorité de ce censeur austère, si un puissant motif d'intérêt ne l'eût engagée à le ménager et à prendre bien garde de se brouiller avec lui. » En effet, le commandant Galtier a eu, comme fils aîné, la plus grande partie de la fortune paternelle; il l'a encore considérablement augmentée par de sages et heureuses spéculations. Il est célibataire, et n'a pour héritier naturel que sa sœur ou son neveu Jules; mais il pourrait se marier et faire un testament au profit de parents plus éloignés ou même d'étrangers. C'est donc une succession à ménager, et quoique M⁽ᵐᵉ⁾ de la Sablonnière soit fort riche, elle n'est point femme à dédaigner cette augmentation de fortune; elle serait désolée, au contraire, de se voir déshériter, et elle est disposée à tout supporter pour éviter un pareil malheur.

Maintenant que nous connaissons les principaux personnages de cette réunion, écoutons leur conversation.

« Vous êtes sûr, dit M⁽ᵐᵉ⁾ de la Sablonnière en s'adressant au notaire Beautain, que M⁽ᵐᵉ⁾ la marquise de Vieilleville viendra cette année habiter son château?

— Je tiens cette nouvelle de son intendant, qui est venu me prévenir de préparer les baux des fermes qui doivent être renouvelés cette année.

— C'est que voilà déjà tant de fois qu'on annonce son arrivée, et qu'elle ne vient pas!

— Cette fois je regarde la chose comme certaine; et la preuve, c'est qu'une foule de tapissiers sont occupés à nettoyer et à meubler à neuf plusieurs appartements du château.

—Elle amènera donc avec elle ou bien elle attend nombreuse compagnie?

— Il paraît.

— On la disait, depuis son veuvage, tout à fait retirée du monde.

— Elle a vécu effectivement pendant fort longtemps dans une solitude presque complète; mais il paraît qu'elle avait plusieurs raisons pour cela. D'abord, à ce que l'on m'a dit, et je crois être bien informé, son mari, qui menait grand train de son vivant, — il avait équipages de chasse, chevaux de course, etc., — a laissé beaucoup de dettes à sa mort. Alors, pour solder ses créanciers, Mᵐᵉ la marquise a commencé par opérer une réforme radicale dans sa maison; elle a vendu chevaux, voitures, meubles de luxe; elle a renvoyé ses nombreux domestiques, devenus désormais inutiles, ne gardant avec elle qu'une femme de chambre; elle a loué les grands appartements de son hôtel, puis elle s'est retirée avec sa camériste dans un petit logement qu'on lui louait dans le couvent où sa fille était en pension. Là elle a vécu le plus simplement possible, uniquement occupée de l'éducation de ses enfants; surveillant continuellement celle de sa fille, habitant sous le même toit qu'elle, et faisant de fréquentes visites à son fils, élève du collège Stanislas, rue Notre-Dame-des-Champs.

— Voilà une conduite admirable de la part d'une femme du grand monde, s'écrie le commandant Galtier, et je connais bon nombre de femmes d'un rang bien inférieur qui n'auraient pas eu tant de courage et de résolution.

— Est-ce encore une pierre que vous voulez jeter dans mon jardin? dit Mme de la Sablonnière avec une petite pointe d'aigreur.

— Moi! répond le commandant d'un air bon homme sous lequel perce une certaine causticité, moi vouloir jeter des pierres dans ton jardin! Oh! chère sœur, je m'en garderais bien, de peur de briser quelques-uns des vases précieux et des fleurs rares qui en font l'ornement. D'ailleurs, dans ce que j'ai dit, comment peux-tu voir une allusion même indirecte à ce qui te regarde? Ton mari ne t'a pas, que je sache, laissé de dettes ni d'embarras tels que tu aies été obligée de te retirer dans un couvent pour faire des économies et veiller à l'éducation de tes enfants. Tu n'avais qu'un fils déjà élevé, aujourd'hui majeur depuis longtemps, et qui est chargé des affaires d'intérêt de la famille... Mais voilà où t'entraîne ta ridicule susceptibilité, de supposer que l'on ne puisse faire une réflexion sans qu'elle cache quelque allusion à ta personne.

« Mais continuez, monsieur Beautain, et excusez-nous, ma sœur et moi, de notre interruption déplacée.

— J'ai peu de chose à ajouter. Au moyen du genre de vie qu'elle avait adopté, elle est parvenue peu à peu à amortir toutes ses dettes, et même à éteindre tout à fait les plus importantes. Ce qui reste encore à solder le sera facilement dans deux à trois ans, en abandonnant pendant ce temps les revenus de son grand hôtel de Paris, et en vendant un terrain vague, regardé jusqu'ici comme de peu de valeur, mais qui va en acquérir une considérable, par suite du percement d'une rue nouvelle longeant ce terrain. En attendant, et maintenant que sa fille a terminé son éducation, elle se propose de venir habiter son château de Saint-Christophe, jusqu'à ce que l'état de ses affaires lui permette de résider dans son hôtel à Paris, et d'y reprendre le train de vie qui convient à son rang.

— Et son fils, demanda Mme Pasquier, qu'est-il devenu ?

— M. le marquis Maxime de Vieilleville a fait toutes ses études d'une manière brillante ; il est sorti il y a deux ans de l'École polytechnique, et il est en ce moment ingénieur des ponts et chaussées, attaché à une compagnie de chemin de fer.

— Très bien, dit le commandant; j'aime à voir des jeunes gens de noble famille employer utilement leurs talents, au lieu de s'abandonner comme tant d'autres à l'oisiveté et à tous les désordres qu'elle entraîne.

— J'espère, mon frère, que vous ne dites pas cela pour Jules; le pauvre garçon, vous en conviendrez vous-même, n'est pas resté oisif depuis la mort de son père.

— Encore ta susceptibilité, ma chère sœur ! En vérité, je ne pourrai bientôt plus ouvrir la bouche que tu ne trouves dans chacune de mes paroles quelque allusion à toi et aux tiens. Eh bien, non, je n'ai point dit cela pour Jules. Je m'en serais bien gardé, grand Dieu !... On croirait que c'est parce que je lui garde rancune de n'avoir pas suivi mes conseils, quand je l'engageais à continuer purement et simplement la maison de banque de son père à Bourges, et surtout à ne pas accepter cette succession passablement embrouillée de son oncle; je reconnais qu'il a très bien fait de ne pas m'écouter, qu'il a eu parfaitement raison d'aller à Paris, de se lancer dans les grandes affaires et dans les hautes spéculations de la bourse et de l'agiotage, où l'on peut en quelques jours gagner une fortune que l'on n'acquerrait pas en toute une vie de travail assidu...

— Mais, mon frère, je vous assure que Jules ne joue point à la bourse, et qu'il a horreur de ces spéculations hasardées, où l'on court plus souvent la chance de se ruiner que de s'enrichir ; ainsi sur ce point votre approbation ironique tombe complètement à faux.

— J'en suis bien aise pour lui et pour toi ; mais, puisqu'il ne s'occupe pas de ces vilains tripotages de bourse si fort à la mode aujourd'hui, que fait-il donc à Paris ? Depuis longtemps tu nous annonces son retour, et, comme sœur Anne de Barbe-Bleue, je me tue à regarder sur tous les points de l'horizon, et je ne vois rien venir.

— Mon Dieu, c'est la liquidation assez difficile de la succession de son oncle qui le retarde. J'espère toutefois qu'elle sera bientôt terminée, et, dans tous les cas, je l'engagerai à venir ici aussitôt après l'arrivée de la marquise de Vieilleville ; car je tiens à le présenter à cette dame et à lui faire faire la connaissance de son fils.

— En celà, chère sœur, tu as ma complète approbation ; certes tu ne saurais faire faire à Jules une meilleure connaissance que celle de M. Maxime de Vieilleville, non parce que c'est un marquis, mais parce que, d'après ce que j'ai entendu dire, c'est un jeune homme instruit, sage, rangé, travailleur. Seulement il pourrait se rencontrer un obstacle à ton projet : es-tu sûre que M. Maxime viendra à Saint-Christophe.

— Oui, Monsieur, dit le notaire, il y viendra ; car il doit amener avec lui quelques amis pour chasser dans la forêt.

— Très bien, reprend le commandant ; puis, continuant à s'adresser à sa sœur : tu parles, dit-il, de présenter Jules à la marquise et à son fils ; mais qui te présentera toi-même à cette dame ? car tu ne la connais pas, et il se pourrait fort bien qu'elle n'éprouvât pas à faire ta connaissance le même désir que tu ressens à faire la sienne. La marquise de Vieilleville appartient à l'ancienne noblesse titrée, et il se pourrait qu'à l'exemple de bon nombre de personnes de sa caste elle ne se souciât pas de frayer avec de simples bourgeoises ; car enfin, malgré l'apparence de noblesse que tu te donnes, tu ne dois pas oublier que tu n'es que Mme Michaud, née Galtier, c'est-à-dire une simple bourgeoise. »

Mme de la Sablonnière, en entendant ces paroles de son frère, rougit de dépit, et dit tout bas à Mme Pasquier, placée à côté d'elle :

« J'aurais été bien étonnée qu'il n'eût pas terminé sa harangue par quelque sarcasme à mon adresse, selon son habitude. »

Mᵐᵉ Pasquier s'empressa de venir au secours de son amie, et, s'adressant au commandant, elle dit d'un ton d'assurance :

« Je puis vous affirmer, Monsieur, moi qui connais Mᵐᵉ de Vieilleville, que Mᵐᵉ votre sœur n'a point à craindre avec elle de mécompte comme vous le supposez. Mᵐᵉ la marquise est une personne toute simple, sans prétention, accueillant avec une égale politesse, et sans distinction de classe, tous les honnêtes gens qui « lui font l'hon-« neur », je me sers de son expression, de la visiter. Quand elle est venue ici la première fois, il y a de cela une quinzaine d'années, et dans ce temps-là son mari étalait une splendeur princière, le château était tout rempli de valets de pied, d'écuyers, de piqueurs, de cochers, de cuisiniers, sans parler d'une société choisie d'invités : eh bien, au milieu de toute cette pompe, Mᵐᵉ la marquise descendit un jour à Saint-Christophe dans une voiture toute simple, et vint faire visite à M. le curé d'abord, puis à mon mari, qui était déjà maire, et à moi, puis à tous les principaux habitants du pays. Elle se montra on ne peut plus aimable envers tout le monde, et elle nous invita aux fêtes que l'on donnait au château. J'y suis allée plusieurs fois, et je n'ai jamais eu qu'à me louer de son accueil gracieux et cordial. Aussi je suis persuadée que quand elle reviendra ici, elle se fera un devoir de renouveler ou de faire connaissance « avec ses voisins », comme elle disait, et, à ce titre, M⁰⁰ de la Sablonnière peut compter sur sa visite.

— Oh! mon Dieu, Madame, je ne demande pas mieux; vous devez comprendre que ce que j'en ai dit n'était que pour mettre ma sœur en garde contre une déception possible; après cela, je ne désire rien tant que de la voir se lier avec une personne aussi digne et aussi respectable que la marquise de Vieilleville. »

CHAPITRE II

La lettre chargée.

Ici la conversation est interrompue par l'arrivée d'un domestique, qui amène avec lui une petite fille de quatorze à quinze ans, vêtue en paysanne, et portant une petite boîte suspendue à son cou. La jeune fille, en apercevant tant de monde réuni sous la charmille, semble hésiter un instant; puis, entendant plusieurs voix répéter d'un ton de bienveillance : « Tiens, c'est Fanchette, la petite factrice de la poste aux lettres, » elle traverse en rougissant la salle, et s'avance jusque auprès de Mme de la Sablonnière, à qui elle présente une lettre scellée de cinq cachets de cire rouge, en disant :

« C'est une lettre chargée que Mme la directrice

m'a chargée de vous remettre en vous priant de signer sur ce registre, pour constater que vous l'avez reçue. »

En même temps elle tira de sa boîte un petit registre, avec un encrier portatif et une plume, et présenta le tout à Mme de la Sablonnière.

Celle-ci, après avoir pris la lettre et en avoir examiné les cachets, comme pour s'assurer s'ils étaient bien intacts, apposa sa signature sur le registre, tout en faisant à haute voix la réflexion suivante :

« C'est singulier que Mme Bouchard, la directrice de la poste, prenne si peu de précaution pour faire remettre à leur adresse les lettres chargées, c'est-à-dire des lettres d'une grande importance et dont la poste répond.

— Quelle autre précaution veux-tu qu'elle prenne, répond son frère, que de faire signer le reçu de la dépêche, comme le prescrivent ses instructions, et comme tu viens de le faire?

— Mais n'est-il pas de la dernière imprudence de confier à une enfant de cet âge une commission aussi délicate; une enfant qui ne sait peut-être pas lire, et qui peut donner ou montrer à une autre personne, sans en comprendre la conséquence, une lettre qui m'est destinée?

— Pardon, Madame, je sais lire et écrire, répondit vivement Fanchette; c'est M¹¹ᵉ Aurélie, la fille de Mᵐᵉ Bouchard, qui me l'a appris; et il n'y a pas de danger, je vous assure, que je me trompe d'adresse en distribuant mes lettres, car je connais tout le monde de la ville.

— Comment! c'est toi que l'on charge habituellement de la distribution des lettres! Voilà, je l'avoue, continua-t-elle en s'adressant au maire, un facteur bien capable et qui offre de grandes garanties! je ne comprends pas comment l'autorité souffre de pareils abus.

— Madame, reprend humblement M. Pasquier, le père de cette petite est facteur rural, sa mère remplit les mêmes fonctions dans notre petite ville, et lorsqu'elle est malade ou qu'il y a trop de besogne, elle charge sa fille, du consentement de Mᵐᵉ Bouchard, de la remplacer; comme cette petite est très intelligente, très active, elle s'acquitte à merveille de cet emploi, et personne jusqu'ici ne s'est plaint de la manière dont elle fait son service.

— C'est égal, ce n'en est pas moins un abus, et si les chefs de l'administration à laquelle appartient Mᵐᵉ Bouchard en étaient instruits, elle pourrait bien être rappelée à l'ordre d'une manière sévère, et dont elle se souviendrait.

— Oh! Madame, rassurez-vous, reprend naïvement Fanchette, qui attribue à un tout autre sentiment les paroles de M⁰ᵉ de la Sablonnière, Mᵐᵉ Bouchard n'a rien à craindre à ce sujet ; elle m'a présentée à M. l'inspecteur lors de son dernier passage ici, en lui demandant pour moi la permission de remplacer quelquefois ma mère ; après m'avoir interrogée pendant plus d'un grand quart d'heure, il a dit qu'il ne voyait aucun inconvénient à cela, pourvu que le service n'en souffrît pas. »

En disant ces mots, Fanchette fait une profonde révérence à Mᵐᵉ de la Sablonnière et aux personnes de sa société, et se prépare à sortir.

« Bravo! ma petite, s'écrie le commandant en souriant ; tiens, mon enfant, voilà pour t'encourager à faire toujours ton service avec activité, exactitude et discrétion. » Et il lui mit dans la main une pièce de monnaie ; l'enfant le remercia par une nouvelle révérence, et elle sortit, en courant, du jardin.

« Je ne sais pas en vérité, ma sœur, reprend le commandant, ce que t'a fait cette pauvre Mᵐᵉ Bouchard, pour que tu ne laisses jamais passer l'occasion de l'attaquer à tort et à travers.

— Permettez, mon frère, j'ai à m'occuper de quelque chose de plus important que de Mᵐᵉ Bouchard. Cette lettre est de mon fils, et je vous demanderai, Mesdames et Messieurs, la permission de me retirer un instant dans ma chambre pour en prendre connaissance... Dans cinq minutes je suis à vous. »

Elle se lève aussitôt, en faisant signe de la main aux personnes qui veulent l'imiter de ne pas se déranger, puis elle se dirige rapidement vers la maison.

Après le départ de Mᵐᵉ de la Sablonnière, la conversation continue.

« J'avoue, Madame, continue le commandant Galtier, que parfois je m'amuse à taquiner ma sœur un peu hors de propos : affaire d'habitude, et, comme je le disais quand elle était enfant, pour lui former le caractère. Mais ce que je viens de lui dire à l'égard de Mᵐᵉ Bouchard est un reproche sérieux et réellement mérité. Non, je ne comprends pas l'espèce d'aversion qu'elle a conçue contre cette dame, qui, à mes yeux, est une femme du plus grand mérite, et sur laquelle la critique la plus sévère ne saurait avoir la moindre prise.

Voyons, vous, monsieur Pasquier, qui depuis plus de vingt ans êtes maire de cette commune, dites-nous si vous avez jamais eu à la direction de votre bureau de poste quelqu'un qui remplît ses fonctions avec plus de délicatesse, de discrétion et d'exactitude.

— Oh! vraiment non, et j'en ai fait souvent l'observation. Sans parler du vieux bonhomme qui pendant bien des années a été notre directeur de poste, et qui n'était pas plus capable d'exercer cet emploi que moi d'être évêque, la personne qui lui a succédé et qui a précédé immédiatement M⁻ᵉ Bouchard, avait fait de son bureau une espèce de halle, où les commères du quartier se donnaient rendez-vous pour faire des commentaires, ou plutôt des cancans sur tous les habitants de la ville; car la directrice avait l'imprudence de révéler à ses amies que monsieur un tel ou madame une telle avait reçu une lettre de tel endroit, qu'on y avait répondu, etc.

— Vous appelez cela une imprudence, monsieur le maire! dites plutôt que c'est un indigne abus de confiance que la loi punit sévèrement. Je ne m'étonne plus maintenant que dans ce temps-là ma sœur me parlât souvent des lettres que je recevais ou que j'envoyais; j'attribuais cela à l'indiscrétion de mon domestique, et je lui fis à ce sujet de vertes semonces que le pauvre garçon ne méritait pas. Je conçois maintenant aussi l'un des griefs de ma sœur contre Mme Bouchard, qui bien certainement n'a pas manqué de mettre un terme à ce coupable abus.

— Oh! elle en a réformé bien d'autres; ainsi sa devancière ne faisait nulle difficulté d'admettre dans son bureau, pendant l'ouverture des paquets de dépêches, des personnes de sa connaissance qui attendaient, disaient-elles, une lettre pressée, et souvent elle les laissait chercher elles-mêmes, parmi les autres dépêches, celle qui leur était destinée; aussi combien de lettres ont été égarées, soustraites ou perdues! et ce qu'il y a de singulier, c'est qu'il n'ait point été adressé de plaintes à l'administration sur ce sujet.

— C'est fort extraordinaire, en effet; mais ce qui ne l'est pas moins, c'est que vous, monsieur le maire, qui connaissiez ces actes répréhensibles, vous n'ayez pas usé de votre autorité pour les faire cesser, ou, si vous ne vouliez pas agir directement, vous n'ayez pas porté d'office une plainte à l'administration.

— Que voulez-vous, Monsieur, c'était tellement passé en habitude que personne ne trouvait cela extraordinaire, et que, comme mes attributions ne me donnaient pas d'action directe sur ces faits, j'aurais paru, en intervenant, me mêler de ce qui ne me regardait pas. Mais ce qui vous paraîtra plus extraordinaire encore, c'est que, lorsque Mme Bouchard, dès le premier jour de son installation, il y a cinq ans, ferma la porte de son bureau à tout étranger, ne voulant avoir de communications avec le public pour ce qui était relatif au service de la poste qu'à travers un guichet, et seulement pendant les heures réglementaires, il s'éleva contre elle un concert de réclamations presque universel; on l'accusa d'arbitraire, et cette fois des plaintes sérieuses furent portées aux autorités contre la nouvelle directrice. Les autorités, comme vous le pensez bien, lui donnèrent raison, et, pour éviter à l'avenir toute réclamation de ce genre, le directeur général des postes m'envoya, avec invitation de le faire publier dans la ville et afficher partout où besoin serait, un règlement fixant les heures d'ouverture et de fermeture du bureau de poste de Saint-Christophe, avec diverses instructions sur la distribution des dépêches, les rapports de la directrice avec le public, etc. etc.; instructions qui, du reste, étaient en tout conformes à ce qu'avait établi Mme Bouchard dès son arrivée.

— Vous voyez, monsieur le maire, que si vous étiez intervenu plus tôt, vous eussiez épargné à vos administrés des démarches inconvenantes et déplacées, et à une femme respectable qui remplissait son devoir, des tracasseries injustes et désagréables. Voilà comme de très honnêtes gens, par faiblesse ou par insouciance, laissent s'établir des abus qui se fortifient avec le temps, et qu'il est ensuite difficile de déraciner. Mais ce n'est pas tout : quoique dans cette circonstance Mme Bouchard eût parfaitement raison, ou même parce qu'elle avait raison, cette ridicule affaire a été cause sans doute de l'espèce de froideur qu'on lui a témoignée fort longtemps, et que quelques personnes, comme ma sœur, par exemple, éprouvent encore pour elle. Et cependant Mme Bouchard est une des femmes les plus honorables, les plus distinguées, les plus vertueuses que l'on puisse rencontrer ; et sa fille, Mlle Aurélie, n'est-elle pas ce qu'on peut appeler à juste titre une jeune personne accomplie ? Voyons, Mesdames et Mesdemoiselles, vous qui les connaissez l'une et l'autre mieux que moi, dites-moi si vous êtes de mon avis. »

A ces mots les deux jeunes filles se regardent en souriant. Est-ce un signe d'approbation réelle ou ironique ? On ne peut le savoir. Mme Pasquier garde le silence; M⁻ Blanchon répond avec une certaine vivacité :

« Certainement, Monsieur, nous sommes, ou du moins je suis, pour mon compte, parfaitement de votre avis. Moi qui connais M⁻ Bouchard peut-être mieux que personne d'ici, je puis affirmer que l'éloge que vous en avez fait, loin d'être exagéré, est au-dessous de la vérité... Quant à sa fille, dont elle a fait elle-même l'éducation, elle promet d'être un jour le vrai portrait de sa mère; et c'est le plus bel éloge qu'on puisse en faire.

— Bien, Madame : alors m'expliquerez-vous comment il se fait qu'une personne d'un ton exquis, d'une grande distinction, dont l'esprit est orné de connaissances solides et variées, douée, en un mot, de toutes les qualités qui font le charme de la société, n'ait pas trouvé tout d'abord un accueil sympathique dans cette ville, et qu'il y ait aujourd'hui des personnes, comme ma très chère sœur, qui en soient encore à l'apprécier? Savez-vous que cela ne fait pas l'éloge des habitants de Saint-Christophe? j'entends de ceux qui appartiennent à la classe bourgeoise et qui constituent la seule société de cette ville; car j'ai entendu dire que depuis longtemps les pauvres avaient appris à la connaître, et se sentaient pour elle autant d'estime que de respect et de dévouement. Je ne veux pas cependant supposer que si certaines gens de la classe aisée la dédaignent, c'est parce qu'elle occupe une position infime dans la hiérarchie administrative ; car sa devancière, Mme Benoît, était bien reçue partout, et j'ai vu, il y a quelques années, la femme d'un simple receveur à cheval des contributions indirectes, recherchée, fêtée, adulée par nos belles dames, ma très chère sœur en tête, jusqu'à ce qu'un beau jour ladite dame disparut, emportant avec ses effets, par mégarde sans doute, la caisse qui contenait l'argent de la recette de son mari.

— Oh ! monsieur le commandant, reprend en souriant Mme Blanchon, vous êtes terriblement caustique, et si je ne connaissais la bonté de votre cœur, je dirais même que vous êtes méchant. Tout à l'heure j'étais de votre avis lorsque vous faisiez l'éloge de Mme Bouchard ; mais maintenant je n'en suis plus quand vous nous attaquez toutes d'une manière si injuste et si cruelle.

— Ah ! permettez, Madame, je ne généralise pas au point de n'admettre aucune exception, et...

— Je n'accepte pas cette excuse, interrompt vivement Mme Blanchon toujours souriant, quand même vous me comprendriez dans cette exception, et je tiens à vous prouver que vous avez tort, et à vous faire revenir de votre injuste prévention contre nous.

— Eh bien ! je ne demande pas mieux, ne fût-ce que pour vous montrer qu'effectivement je n'ai pas le cœur méchant comme vous le reconnaissiez tout à l'heure, quoique d'une manière tant soit peu ironique et qui pourrait faire supposer que vous pensiez tout le contraire.

— Je serais encore en droit de vous chercher querelle pour cette dernière supposition ; mais j'aime mieux y revenir plus tard : pour le moment j'ai hâte d'arriver à mon but. D'abord il n'est pas exact de prétendre que l'on ait ressenti de la froideur ou de l'éloignement pour Mme Bouchard à cause de la réforme qu'elle a introduite en s'installant dans son bureau ; c'est plutôt le contraire qui est la vérité ; car si cette mesure a froissé quelques personnes en bien petit nombre qui profitaient de ces abus, il est certain que la grande majorité des habitants y a applaudi et lui a donné complètement raison. Si, malgré cette approbation, Mme Bouchard est restée en quelque sorte dans l'isolement, il ne faut pas s'en prendre à un sentiment de malveillance existant contre elle ; c'est elle seule, au contraire, qui s'est tenue à l'écart, et qui a montré une espèce de répugnance à aller dans le monde. Cela d'abord n'a surpris personne, parce que, arrivée ici en grand deuil, on supposa qu'elle avait perdu récemment son mari, et l'on trouva tout naturel qu'elle vécût pendant un certain temps dans la solitude. Mais elle a prolongé ce deuil bien au delà du terme fixé par l'usage, puisqu'elle le porte encore, et qu'elle est résolue, dit-on, à le porter toute sa vie. Dès lors ses relations avec le monde ont consisté en quelques visites officielles ou indispensables; mais elle a décliné toute espèce d'invitation à ce qui ressemblait à une fête, à un bal, à une réunion quelconque de plaisir. Renfermée chez elle, elle consacrait tous ses instants aux occupations de son emploi, à l'éducation de sa fille, objet spécial de tous ses soins, et à l'accomplissement de ses devoirs religieux. Ses seules distractions consistaient en quelques promenades avec sa fille, soit sur les bords du Cher, soit sur la colline, dans la belle avenue du château. Puis souvent elle allait, seule ou accompagnée de son enfant, visiter de pauvres malades ou des vieillards infirmes, leur portant des consolations et des encouragements renforcés de quelques secours matériels proportionnés à ses faibles ressources; car elle n'est pas riche, et je crois qu'en dehors des modiques émoluments de sa place, ses revenus sont bien minimes. De plus, elle et sa fille se sont mises à apprendre à lire et à écrire à de pauvres enfants que leurs parents n'avaient pas le moyen d'envoyer à l'école; la petite Fanchette, que vous avez vue tout à l'heure, est une de leurs élèves, et il y a dans la paroisse bon nombre d'autres jeunes filles qui doivent à Mme Bouchard le bienfait de l'instruction primaire et les principes d'une bonne éducation chrétienne.

— Oh! je sais, je sais; c'est pour cela que ma sœur prétend que Mme Bouchard, dont on ne connaît pas les antécédents avant son arrivée ici, est tout simplement une ancienne sous-maîtresse de quelque pensionnat de Paris.

— C'est une supposition que j'ai entendu faire aussi par plusieurs personnes; mais là-dessus je ne saurais rien affirmer ni rien démentir; car jamais Mme Bouchard ne parle de sa vie passée, et personne ne serait assez indiscret pour lui adresser des questions à cet égard. L'idée qu'elle avait été autrefois sous-maîtresse est venue tout simplement de ce qu'elle s'est mise volontairement à faire la classe à quelques jeunes filles, et surtout de ce qu'elle a fait seule l'éducation de sa propre fille; or on est tout étonné, lorsqu'on a occasion de causer avec cette jeune personne, de lui trouver une instruction aussi étendue que variée : d'où certaines personnes ont conclu qu'elle n'avait pu recevoir cette instruction que de quelqu'un du métier. Après tout, que le fait soit vrai ou non, cela ne diminue en rien le mérite de Mme Bouchard, et le noble usage qu'elle fait de ses talents, joint à ses autres bonnes œuvres, ne lui en a pas moins justement mérité la reconnaissance et les bénédictions d'un grand nombre de pauvres familles. Aussi M. le curé, qui n'a pas été un des derniers à l'apprécier, l'a-t-il fait inscrire au nombre des dames de charité de la paroisse. C'est depuis cette époque que je l'ai connue plus particulièrement, parce que, faisant moi-même partie de cette œuvre, j'ai dû me trouver en relations plus fréquentes avec elle. C'est alors que j'ai pu reconnaître tout ce qu'il y a de noble, de généreux, de sincèrement chrétien dans cette âme d'élite; c'est alors que j'ai pu constater qu'il n'y a chez elle ni orgueil ni fierté, comme je l'en avais entendu quelquefois accuser, mais, au contraire, une noble simplicité, qui lui fait accueillir avec affabilité tous ceux qui ont affaire à elle, une touchante sympathie pour toutes les souffrances, une grande indulgence pour les défauts du prochain, une horreur de la médisance, en un mot, un trésor de cette douce charité fraternelle, véritable fille du Ciel, et sœur inséparable de l'amour de Dieu.

— Bien, Madame, très bien, reprend le commandant Galtier; j'aime à vous entendre parler ainsi, parce que votre appréciation ne fait que confirmer, en la complétant, l'opinion que je m'étais formée de Mme Bouchard. J'avoue maintenant que j'avais tort d'accuser les habitants de Saint-Christophe de l'avoir méconnue; car je suppose que toutes ces dames, ajoute-t-il en s'adressant du regard aux personnes présentes, sont de l'avis de Mme Blanchon. » Un signe d'approbation et quelques mots d'assentiment furent la réponse unanime à cette espèce de question. « Alors, reprend le commandant, il n'y a plus que ma sœur à qui mon reproche de tout à l'heure puisse s'adresser. Je ne lui en ferai pas mon compliment.

— Oh! Monsieur, reprend vivement Mme Blanchon, vous êtes trop sévère pour Mme votre sœur. Veuillez donc ne pas oublier que Mme de la Sablonnière ne fait chaque année qu'une courte apparition dans notre pays, un mois ou deux au printemps, tout au plus; elle n'a aucune relation avec Mme Bouchard, elle ne la connaît pas, pour ainsi dire, et il n'est pas étonnant qu'elle ait conservé contre elle quelques-uns des préjugés qui, dans les premiers temps de l'arrivée de cette dame, la représentaient comme peu sociable et passablement fière.

— Vous parlez, Madame, dit gaiement M. Galtier, comme une digne amie de Mme Bouchard, et, à son exemple, vous cherchez à pallier les défauts de votre prochain. Cela me fait d'autant plus regretter que ma sœur ne se soit pas liée avec notre directrice de poste ; car elle aurait appris d'elle à éviter la médisance et à se montrer indulgente pour les défauts d'autrui... Mais la voici qui nous revient en toute hâte avec sa lettre déployée ; elle va nous donner sans doute des nouvelles de son fils. »

En effet, Mme de la Sablonnière rentre dans le salon de verdure, en faisant un léger salut à ses visiteuses, et elle va prendre sa place sur le banc de gazon ; elle sourit en s'asseyant ; mais un observateur attentif reconnaîtrait facilement que ce sourire est forcé, et qu'il ne s'accorde pas avec ce front plissé par quelque inquiétude secrète. Son frère, à qui cette observation n'a point échappé, lui dit d'un ton plus bienveillant qu'à son ordinaire :

« Eh bien, Julie, est-ce que ton fils te donne de mauvaises nouvelles ? serait-il malade ? ce ne serait toujours pas grave, puisqu'il écrit lui-même.

— Non, Dieu merci, il se porte bien, répond-elle en s'efforçant de reprendre son calme. Quant aux nouvelles qu'il me donne, on ne peut pas les appeler mauvaises, quoiqu'elles me contrarient un peu. Ainsi, il m'annonce que son retour est ajourné, parce que de nouveaux incidents retardent la solution de l'affaire qui le retient à Paris ; c'est là surtout ce qui me contrarie, parce que j'aurais désiré qu'il se trouvât ici à l'arrivée de Mme la marquise de Vieilleville, et que ce retard me forcera de prolonger mon séjour à la Sablonnière, ce qui me fera peut-être manquer la saison des eaux de Vichy, où je me proposais d'aller cette année.

— Voyez le grand malheur! quand tu manquerais une fois la saison des eaux, tu ne t'en porterais pas plus mal : au contraire ; car j'ai remarqué que tu revenais des eaux toujours plus fatiguée que tu ne l'étais avant d'y aller.

— Vous en parlez fort à votre aise, mon frère ; vous qui vous portez à merveille, vous ne pouvez pas avoir une idée des douleurs internes que j'éprouve, et du soulagement que me procurent les eaux.

— En ce cas, si les eaux te sont si nécessaires,

je ne vois pas quel puissant motif t'empêcherait d'y aller cette année comme d'habitude.

— Mais je tiens absolument, comme je vous l'ai déjà dit, à faire faire à Jules la connaissance de M. Maxime de Vieilleville ; et si mon fils ne peut venir qu'après la saison des eaux, je serai bien forcée de la manquer.

— Ah ! c'est juste, je l'avais oublié ; mais si tu ne peux aller à Vichy, rien ne t'empêche de faire venir des bouteilles de ses sources et des pastilles que l'on y fabrique ; alors tu prendras les eaux de Vichy sans sortir de la Sablonnière, et je t'assure que cela te fera le même bien.

— M. votre frère, dit Mme Pasquier en minaudant de son air le plus aimable, a peut-être raison. Dans tous les cas, nous serons fort heureuses de vous conserver plus longtemps, et nous n'épargnerons rien pour que vous ne regrettiez pas cette prolongation de séjour parmi nous.

— Merci, Madame, de votre obligeance ; je la mettrai peut-être plus d'une fois à l'épreuve. Tenez, pour commencer, pourriez-vous me donner des renseignements sur une personne dont me parle mon fils, et qui doit depuis peu de temps, à ce qu'il suppose, habiter Saint-Christophe ou les environs. Elle se nomme Mme la comtesse de Valbrun ; elle a une fille de dix-sept à dix-huit ans, et un fils un peu plus âgé. Pour moi, je n'ai jamais entendu parler de ce nom; et vous, Mesdames et Messieurs ?

— Ni nous non plus, répondent d'une seule voix tous les assistants.

— Cependant vous, monsieur le maire, s'il y avait dans la commune un nouvel habitant, vous ne pourriez manquer d'en être informé, d'où je conclus que mon fils se trompe, ou a été mal renseigné.

— Sans doute, comme vous le dites, Madame, si quelque étranger venait fixer sa résidence dans la commune, j'en serais nécessairement instruit tôt ou tard, ne serait-ce que lors de la formation du rôle des contributions; mais une personne de cette qualité, qui probablement doit avoir au moins un ou deux domestiques, ne fît-elle dans notre ville qu'un séjour momentané, ne pourrait y passer inaperçue : d'où je conclus, comme vous, que M. votre fils a été mal renseigné.

— Au surplus, Monsieur, voici le passage de sa lettre : « Cette dame (la comtesse de Valbrun) doit « habiter Saint-Christophe ou les environs; car j'ai « vu une lettre qui lui avait été adressée, et qui « portait cette suscription : *A madame la comtesse*

« *de Valbrun, à Saint-Christophe* (*département*
« *du Cher*). »

— Voilà qui est singulier, fait le maire en paraissant réfléchir ; on se sera peut-être trompé de département, car il y a un grand nombre de communes qui portent ce nom : ainsi, il y a un Saint-Christophe dans le département de l'Aisne, un autre dans le Cantal, un dans la Charente-Inférieure, un dans l'Indre-et-Loire, etc. etc., et souvent il m'est arrivé, comme maire, de recevoir des lettres destinées à mes collègues de ces communes homonymes.

— Permettez, monsieur le maire, reprend Mme de la Sablonnière, que je continue ma lecture : « Et
« de plus, j'ai une lettre en réponse à celle-ci,
« adressée à un homme d'affaires ; elle était signée
« *comtesse de Valbrun*, et portait sur l'enveloppe
« le timbre de SAINT-CHRISTOPHE-SUR-CHER, avec la
« date du 1er juin courant. » Qu'en pensez-vous maintenant ?

— C'est bien le timbre de notre bureau de poste !... à la date du 1er juin !... et nous sommes au 10, reprend le maire en paraissant réfléchir à chacune de ces phrases. Ainsi cette dame doit être dans le pays depuis plus de quinze jours, puisque la lettre à laquelle elle a répondu le 1er a dû lui être écrite dans le courant de mai... C'est vraiment incroyable !... Comment ! Mesdames, aucune de vous n'aurait rencontré depuis ce temps une figure nouvelle dans notre ville ?

— Mais tous les jours, mon ami, observe Mme Pasquier, moi qui suis du pays, je rencontre des figures qui me sont inconnues.

— Je m'entends ; par figures nouvelles je ne veux pas parler des ouvriers, des marchands ambulants ou d'autres étrangers et étrangères de ce genre, qui viennent par hasard à Saint-Christophe, et qui du reste sont assez rares, car notre ville n'est pas une ville de passage ; mais une dame d'un rang comme celui de la comtesse de Valbrun ne saurait se montrer deux fois dans nos rues sans être remarquée... En vérité, je m'y perds.

— Mais, mon ami, reprend Mme Pasquier, cette dame ne peut-elle pas habiter les environs ? J'ai entendu dire que M. Maclou avait loué dernièrement sa maison de la Frillière à une famille parisienne.

— Oh ! oui, je sais ; le père Maclou m'en a parlé ; quoique ce soit un homme assez mystérieux, il m'a nommé cette famille, qui se compose de deux vieillards, le mari et la femme, de leur bru, de trois petits enfants en bas âge, dont un est encore en nourrice, et de deux domestiques; mais le nom, que j'ai oublié, n'a aucun rapport avec celui de Valbrun, et la composition de cette famille ne ressemble en rien à celle de la comtesse, qui serait seule avec des enfants déjà adultes. Après cela, en y réfléchissant, il pourrait se faire que cette comtesse habitât quelque maison de campagne hors du territoire de la commune, et dépendant d'un village des environs, mais qui est servi par notre bureau de poste. Dans ce cas, la directrice de poste doit connaître son adresse positive, puisqu'elle lui a expédié des lettres, et qu'elle en a reçu des réponses qui sont parties de son bureau, et elle pourrait donner à cet égard des renseignements positifs.

— Je me garderai bien de les lui demander, reprend Mme de la Sablonnière d'un ton presque bourru. Ah! si c'était encore Mme Benoît, elle se serait fait un plaisir de me donner toutes les indications que j'aurais désirées; mais je ne m'abaisserai pas à faire une démarche de cette nature auprès d'une femme aussi orgueilleuse et aussi revêche que votre Mme Bouchard.

— Eh bien! Mesdames, s'écrie M. Galtier, n'avais-je pas raison de vous dire tout à l'heure que ma sœur était la seule de vous toutes qui ne rendît pas justice aux qualités de Mme Bouchard? Vous l'entendez traiter d'orgueilleuse et de revêche une personne qui est simplement digne, réservée, et toujours parfaitement convenable. Je suis persuadé que si ma sœur lui demandait le renseignement en question, elle s'empresserait de le lui donner, pourvu toutefois que son devoir comme directrice de poste ne s'y opposât pas.

— J'en suis convaincue aussi, dit Mme Blanchon, surtout si l'on ne s'informe que de la résidence de la comtesse de Valbrun, sans parler des lettres que cette dame a reçues ou reçoit habituellement par le bureau de Saint-Christophe.

— Non, encore une fois, je ne ferai pas cette démarche. Je ne veux avoir aucun rapport avec votre Mme Bouchard, qui m'est souverainement antipathique. J'écrirai à mon fils, s'il tient absolument à ce que je voie la comtesse de Valbrun, qu'il m'envoie des renseignements plus précis, et j'attendrai sa réponse. »

CHAPITRE III

Quelques détails rétrospectifs.

Comme M⁽ᵐᵉ⁾ Bouchard et sa fille doivent tenir la place la plus importante dans notre récit, il est nécessaire, avant de continuer, de les faire connaître plus amplement que par ce que nous en a appris le chapitre précédent.

M⁽ᵐᵉ⁾ Marie Bouchard, née de Lusigny, s'était trouvée orpheline de père et de mère presque dès son bas âge. Son tuteur la plaça de bonne heure au couvent du Sacré-Cœur à Paris pour y faire son éducation.

La jeune Marie était douée d'une mémoire excellente, d'une imagination vive et d'une exquise sensibilité. Ces heureuses dispositions ne se démentirent pas un instant pendant les dix ans qu'elle passa au couvent. Ses progrès dans toutes les parties de l'enseignement furent aussi rapides que brillants.

Quelques taches déparaient ces belles qualités : elle était, dans les commencements, indocile, volontaire, emportée et d'un orgueil incontestable. Les bonnes religieuses s'attachèrent avec le plus grand soin à corriger les défauts de ce caractère difficile, et elles employèrent, pour y parvenir, le moyen le plus efficace, ou plutôt le seul moyen possible, la religion. En peu de temps une amélioration sensible se fit remarquer en elle. Pénétrée des grandes vérités de la religion et de ses divins préceptes, elle comprit que, pour être heureuse en ce monde et en l'autre, elle devait y conformer toutes les actions de sa vie. Elle prit dès ce moment de bonnes résolutions, que la légèreté de son âge l'empêcha quelquefois d'exécuter. Mais la préparation à sa première communion, et surtout l'accomplissement de ce grand acte dans d'excellentes dispositions, vinrent la raffermir d'une manière inébranlable dans la résolution de vivre désormais d'une vie toute chrétienne. A partir de ce moment, on peut dire que son changement fut complet ; elle devint un modèle de docilité, de douceur, d'humilité. Aimée de toutes ses maîtresses, chérie de toutes ses compagnes, elle passa dès lors, ainsi qu'elle l'a souvent répété, les moments les plus heureux de sa vie, c'est-à-dire les dernières années de son séjour au couvent.

A dix-huit ans elle sortit de pension pour se marier. Elle épousa M. Bouchard, receveur général des finances dans un de nos départements. Cette alliance avait été depuis longtemps projetée entre les deux familles, et le tuteur de M¹¹ᵉ de Lusigny, qui était en même temps son oncle à la mode de Bretagne, en déterminant sa pupille à contracter cette union, n'avait fait qu'accomplir un engagement pris par son père.

Du reste, ce mariage paraissait parfaitement assorti sous tous les rapports. L'âge, la fortune, la naissance, — car M. Bouchard appartenait à une des plus honorables familles de France, qui ne le cédait en rien à celle des Lusigny, — tout semblait devoir concourir au bonheur des nouveaux époux.

Après son mariage, M. Bouchard vint habiter Paris la plus grande partie de l'année, laissant la gestion de sa recette à un mandataire qui jouissait de toute sa confiance. Ce mandataire était à ses yeux plus qu'un employé : c'était un ami sûr, un ancien camarade de classe dont il connaissait depuis longtemps la grande capacité financière, la rare intelligence et l'exacte et scrupuleuse probité.

Tranquille de ce côté, M. Bouchard ne s'occupa, pendant les premiers temps de son mariage, que de procurer à sa jeune femme toutes les distractions et les plaisirs que Paris peut offrir aux favoris de la fortune. Spectacles, bals, concerts, fêtes splendides, rien ne fut oublié. Marie fut éblouie un instant, mais non aveuglée par le brillant éclat du monde. Forcée, pour ne pas contrarier son mari, de se laisser entraîner au milieu de ce tourbillon qui fait perdre la tête à tant de jeunes femmes, elle sut conserver toujours le calme de sa raison. Elle était surprise, émerveillée parfois de tout ce qu'elle voyait; mais bientôt elle découvrait le vide de ces plaisirs bruyants, et souvent l'ennui la gagnait au milieu de ces fêtes mondaines. Oh! combien de fois il lui arriva alors de regretter le bonheur et la paix qu'elle goûtait dans son couvent, au milieu de ses compagnes!

Une fois cependant elle éprouva dans une de ces fêtes un véritable instant de bonheur. C'était à une soirée donnée par l'ambassadeur d'Angleterre. Parmi les grandes dames invitées à ce *rout* [1],

---

[1] *Rout* ou *raout*, mot anglais passé dans notre langue et qui signifie une assemblée nombreuse de la classe élevée, où l'on se réunit pour le plaisir.

Mme Bouchard retrouva une de ses meilleures amies, ou pour mieux dire sa meilleure amie de pension, Mlle Eugénie d'Ernonville, mariée peu de temps après elle à un des représentants d'une noble famille du faubourg Saint-Germain. La différence d'opinion politique de leurs maris ne leur permettait pas de fréquenter les mêmes sociétés, ni de se voir aussi souvent qu'elles désiraient l'une et l'autre ; mais l'ambassade d'Angleterre était un terrain neutre, où il leur fut enfin donné de se rencontrer. Leur réunion, au milieu de la foule compacte des invités, resta inaperçue. Assises l'une à côté de l'autre, dans un des coins des vastes salons, entourées de femmes qui causaient ou plutôt qui chuchotaient entre elles avec animation, nos deux amies purent s'entretenir longtemps ensemble sans exciter l'attention de leurs voisines. Celles-ci, du reste, étaient trop occupées à critiquer la toilette de telle ou telle dame placée de l'autre côté du salon, à lancer une épigramme contre une nouvelle arrivante dont le nom était bruyamment proclamé par l'huissier chargé d'annoncer, ou bien à parler de la pièce en vogue, du dernier bal de l'ambassadeur d'Autriche, des diamants de la princesse Z***, de la coiffure de la duchesse de B***, et d'une foule d'autres choses aussi intéressantes, pour faire attention à Mme Bouchard et à son amie. La conversation de ces dernières était bien différente : pour elles, tout ce qui les entourait avait en quelque sorte disparu. Les yeux dans les yeux, la bouche souriante du bonheur de se revoir, elles étaient heureuses de causer sans contrainte et de s'ouvrir mutuellement leurs cœurs. Entre elles point d'étiquette, point de titre; elles se tutoyaient comme au couvent, en s'appelant par leurs noms de Marie et d'Eugénie, comme si elles eussent encore été pensionnaires.

Cette soirée-là, Mme Bouchard ne s'ennuya point. Malheureusement elle n'eut que de rares occasions de renouveler de semblables distractions au milieu du monde. Les deux amies, il est vrai, se virent quelquefois chez elles, mais en quelque sorte à la dérobée; non que leurs maris s'opposassent formellement à ces visites, mais ils les toléraient à condition qu'elles auraient lieu sans éclat.

Au bout d'un an de mariage, Mme Bouchard devint enceinte. Elle obtint facilement de son mari la permission de s'abstenir désormais, pour raison de santé, de prendre part aux fêtes et aux plaisirs du monde.

Débarrassée de cette contrainte, il lui fut enfin possible de reprendre les habitudes d'une vie calme et régulière, et de se livrer à ses devoirs religieux, que lui avaient fait négliger les exigences de sa position sociale. Heureuse de devenir bientôt mère, elle remerciait Dieu de lui avoir accordé cette faveur, et ne lui demandait d'autre grâce que de pouvoir élever son enfant d'une manière agréable à ses yeux.

Bientôt elle donna le jour à un garçon, qui reçut au baptême le nom de Louis. Elle voulut le nourrir elle-même; mais ce ne fut pas sans peine qu'elle en obtint le consentement de son mari. Il craignait surtout l'altération de sa santé, et il ne se décida que lorsque les médecins consultés déclarèrent unanimement « que l'allaitement de l'enfant par la mère, loin de lui être nuisible, ne serait que favorable à la santé de l'une et de l'autre ». Cependant il essaya encore de la dissuader en lui disant :

« Réfléchissez-y bien, Madame; vous allez entreprendre une tâche longue et pénible, qui vous forcera de renoncer pendant un an ou deux à paraître aux soirées et aux réunions, dont vous étiez un des plus beaux ornements.

— Qu'à cela ne tienne, reprit en souriant Mme Bouchard, ce sera là le moindre sacrifice que m'imposera ma condition de nourrice. Ces soirées que j'aurais passées dans le monde, je les consacrerai à mon enfant, et je vous garantis que je goûterai auprès de lui un bonheur plus parfait, une joie plus pure, que ne m'en ont jamais procuré les plus brillants spectacles et les fêtes les plus splendides. »

M. Bouchard n'insista pas, et à partir de ce moment sa femme ne s'occupa plus que des soins à donner au nouveau-né.

Les devoirs d'une mère de famille ne s'accordent guère avec la vie dissipée, les plaisirs bruyants et parfois bien fatigants des femmes du monde. C'est ce qu'avait parfaitement compris Mᵐᵉ Bouchard; aussi, jusqu'à ce que son enfant fût sevré, elle s'abstint de paraître à aucune de ces réunions. Seulement, après le sevrage de son fils, et sur les instances pressantes de son mari, elle consentit à se montrer deux ou trois fois dans le monde. Mais bientôt une nouvelle grossesse fut pour elle l'occasion de rentrer dans la solitude de son intérieur. Elle obtint même de son mari d'aller habiter la campagne, afin d'être plus tranquille, et d'échapper à l'ennui de faire et de recevoir des visites de cérémonie. M. Bouchard acheta en conséquence une jolie maison avec jardin à la Celle-Saint-Cloud, commune de Bougival, et sa femme alla s'y installer dès les premiers jours du printemps, M. Bouchard continua d'habiter Paris, où ses affaires le retenaient; mais la proximité de la Celle-Saint-Cloud lui permettait d'y aller plusieurs fois la semaine, et d'y passer ordinairement la journée du dimanche.

Peut-être Mme Bouchard n'eût-elle pas pris la résolution de quitter Paris, si sa chère Eugénie eût encore habité cette ville. Il est vrai, comme nous l'avons dit, elles se voyaient rarement, et, pour ainsi dire, à la dérobée; mais ces visites n'en avaient que plus de prix aux yeux des deux amies, et Mme Bouchard n'eût pas songé à les rendre plus rares encore en s'éloignant de Paris, si le mari d'Eugénie ne l'eût emmenée dans un château qu'il possédait aux environs de Montpellier. De là les deux époux devaient aller passer l'hiver en Italie, puis voyager en Allemagne, et il était probable qu'ils ne reviendraient en France qu'au bout de quelques années. Les deux amies en furent réduites à s'entretenir par correspondance; mais cette correspondance, assez suivie dans les commencements, se ralentit peu à peu, et cessa même tout à fait par suite d'événements que nous connaîtrons plus tard. Nous dirons seulement que peu de temps après son arrivée à la Celle-Saint-Cloud, Mme Bouchard reçut une lettre de son amie qui lui annonçait qu'elle aussi elle était mère d'un gros garçon.

La seconde grossesse de Mme Bouchard fut beaucoup plus pénible que la première. Elle donna le jour à une fille ; mais quoique la venue de cette enfant la comblât de joie, l'état de faiblesse et de prostration de la mère ne lui permit pas cette fois de l'allaiter. Ce fut pour elle un grand chagrin, et qui contribua sans doute à aggraver son état maladif.

Pendant plus d'un mois elle fut en danger de mort. Cependant, après une forte crise où l'on s'attendait à la voir succomber, un mieux sensible se déclara, et les médecins eurent l'espoir de la sauver. Le mieux se soutint, grâce aux soins intelligents qui lui furent prodigués, mais surtout grâce à la vue de sa petite fille, qui se portait à merveille, et qui se fortifiait, comme on dit, à vue d'œil.

Enfin sa santé se rétablit peu à peu, et bientôt il ne resta plus de trace de la maladie. Alors, auprès de ses deux enfants, elle goûta dans toute leur plénitude les douceurs de la maternité. Quoiqu'il eût été difficile de dire lequel elle aimait le mieux des deux, cependant un observateur attentif aurait pu remarquer que son affection se portait plus vivement sur sa fille. Ceci, du reste, est un sentiment naturel que toutes les mères comprendront. Elle regardait son fils comme appartenant en quelque sorte plus à son père qu'à elle; de bonne heure il devait s'éloigner d'elle pour aller recevoir dans les collèges, et ensuite dans les grandes écoles publiques, l'éducation qui convenait à son sexe et à son rang dans la société. Mais sa fille, oh! sa fille, elle resterait avec elle, elle serait sa compagne, son amie, son élève; car si elle avait été forcée de confier à une étrangère le soin de l'allaiter, personne que sa mère ne se chargerait du soin de son éducation. Oh! quel bonheur de voir croître et s'embellir cette frêle créature, de voir, sous l'inspiration maternelle, se développer peu à peu cette intelligence dont on apercevait déjà les premières lueurs.

Ces beaux rêves durèrent près de deux ans; mais ils furent interrompus tout à coup par un terrible réveil. Cette enfant si tendrement chérie, cet objet de tant de prédilection et de si douces espérances, tomba inopinément malade et mourut d'une fièvre cérébrale, après quelques jours de cruelles souffrances.

Nous n'essaierons pas de décrire la douleur de la mère. De tous les chagrins les plus amers, de toutes les afflictions les plus cruelles auxquels le cœur humain puisse être en proie, il n'en est point qui soit comparable à la douleur d'une mère qui perd son enfant chéri.

Ce coup frappa si soudainement, si violemment Mᵐᵉ Bouchard, qu'elle en fut quelques instants comme anéantie. Bien d'autres à sa place auraient peut-être perdu la raison, ou se seraient abandonnées au plus violent désespoir; heureusement la religion vint à son secours, et c'est à cette source des seules et véritables consolations qu'elle puisa des forces pour supporter son malheur. Le sacrifice n'en fut pas moins douloureux; car la mort de son enfant fait au cœur d'une mère une de ces blessures que le temps et la résignation chrétienne peuvent adoucir, mais jamais cicatriser entièrement.

Les semaines, les mois, les années s'écoulèrent, sans que l'image de sa fille sortît un instant de sa mémoire. Seulement ce souvenir n'avait plus l'amertume des premiers jours; ce n'était plus l'aspect du petit corps pâle et inanimé de son enfant qui se représentait à son imagination; elle voyait maintenant sa fille rayonnante de gloire au milieu des chœurs des esprits célestes, et elle s'écriait avec un profond soupir : « Vous me l'aviez donnée,

« Ô mon Dieu! vous me l'avez reprise, que votre vo-
« lonté soit faite et que votre saint nom soit béni! »

Une grande consolation fut enfin accordée à tant de douleur et de résignation. Cinq ans après la mort de celle qu'elle avait tant pleurée, elle devint mère de nouveau, et Dieu lui envoya une seconde fille, comme pour la dédommager de la perte de la première. Elle voulut lui donner le nom d'Aurélie, parce qu'elle avait une dévotion particulière envers la jeune vierge et martyre de ce nom, dont les reliques venaient d'être tout récemment envoyées de Rome à l'église Notre-Dame-des-Victoires de Paris, et à la translation desquelles elle avait assisté[1].

---

[1] La translation des reliques de sainte Aurélie eut lieu, avec une grande solennité, à Notre-Dame-des-Victoires, le jour de la fête de l'Annonciation, le 25 mars 1843. Ces reliques, récemment extraites des catacombes de Rome, ont été données à M. l'abbé Desgenettes, curé de Notre-Dame-des-Victoires, fondateur de l'Archiconfrérie, par le pape Grégoire XVI, comme un témoignage authentique de l'affection qu'il portait à l'Archiconfrérie et à son fondateur. Elles ont été placées dans une châsse de bois, tapissée de velours cramoisi, fermée par des glaces de cristal, et déposée au pied de la statue de Notre-Dame-des-Victoires, dans l'autel récemment construit, où elles sont depuis ce temps exposées à la vénération des fidèles.

Cette fois, comme on le pense bien, elle voulut nourrir son enfant, et son mari n'essaya pas de s'y opposer, car elle était convaincue que si elle avait pu allaiter son autre fille, celle-ci ne serait pas morte. Ce qui la confirma plus tard dans cette opinion, c'est que son fils et Aurélie ont toujours joui d'une excellente santé.

CHAPITRE IV

Le mandataire infidèle.

Nous passerons rapidement sur les dix premières années qui suivirent la naissance de la petite Aurélie. Nous n'avons pas besoin de dire que cette enfant fut l'objet des plus tendres soins de la part de sa mère, et qu'elle ne songea pas plus à confier l'éducation de sa fille à des mains étrangères qu'elle n'avait songé à charger une nourrice du soin de l'allaiter.

Mais la sollicitude qu'elle portait à sa fille ne lui fit pas négliger son fils. Jusqu'à l'âge où il devait entrer au collège, elle s'appliqua à lui donner cette première éducation chrétienne, dont les principes s'identifient tellement avec nous, se gravent si profondément dans notre cœur, qu'ils font partie de notre existence, et que si dans la suite les passions ou toute autre cause viennent à les obscurcir, rien ne saurait les effacer entièrement.

Quand il eut atteint l'âge de dix ans, le petit Louis fut placé par son père dans un des meilleurs collèges de Paris. Quoique dès lors l'action de la mère sur son éducation eût cessé d'être aussi directe qu'auparavant, elle ne laissa pas de continuer à exercer sur son fils une influence salutaire, qui l'affermit et le fortifia dans les bons principes qu'il avait en quelque sorte sucés avec le lait maternel.

La petite Aurélie avait trois ans lorsque son frère entra au collège. Ce que Mme Bouchard avait fait pour son fils, elle le renouvela pour sa fille avec un zèle non moins affectueux, et, de plus, avec un zèle éclairé déjà par une première expérience. A mesure qu'elle grandissait, la mère voyait avec bonheur se réaliser dans cette enfant le rêve qu'elle avait fait autrefois pour sa sœur aînée. Elle passait toute la belle saison dans sa jolie solitude de la Celle-Saint-Cloud. L'influence de l'air salubre de la campagne développa rapidement les forces physiques de l'enfant, en même temps que la mère formait son esprit et son cœur en lui apprenant à connaître Dieu, à l'aimer, à le prier, et en jetant ainsi dans son âme les premières notions qui sont le fondement de toute bonne éducation.

A mesure que sa fille grandissait, l'enseignement de la mère s'étendait et se proportionnait au développement de son intelligence. Aux leçons orales, aux préceptes sérieux, M⁰ Bouchard joignait l'instruction de l'exemple, la plus efficace de toutes. Ainsi, en voyant sa mère prier avec ferveur, assister avec recueillement aux offices et aux cérémonies de l'Église, remplir avec exactitude tous ses devoirs religieux, la petite Aurélie était naturellement portée à l'imiter. A peine eut-elle atteint l'âge de six à sept ans, qu'elle accompagnait souvent sa mère dans les visites que celle-ci faisait à de pauvres familles pour leur porter des secours, et apprenait ainsi qu'un des premiers devoirs de ceux qui possèdent la richesse est de soulager l'infortune de leurs semblables.

L'hiver, M⁰ Bouchard venait habiter Paris, où elle vivait presque aussi isolée qu'à la campagne; car son mari, uniquement occupé de ses affaires, ne songeait plus à la mener dans le monde. L'argent qu'elle eût dépensé en toilettes de bal et de soirées, elle l'employait en aumônes et en œuvres de charité, auxquelles elle associait sa fille. Elle allait souvent, avec Aurélie, visiter son fils au collège, et, les jours de sortie, celui-ci venait à son tour passer quelques heures au sein de sa famille. C'étaient des moments de bonheur pour la mère et ses deux enfants; et dans ces réunions intimes de la famille elle trouvait un charme et une joie pure que ne lui avaient jamais offerts les plus brillantes fêtes du monde.

Cette période de son existence fut pour Mme Bouchard une des plus calmes et des plus heureuses qu'elle eût traversées depuis sa naissance. Jouissant d'une fortune considérable, que les travaux de son mari tendaient, disait-il, à augmenter, elle n'avait aucune inquiétude pour l'avenir de ses enfants, elle pouvait se livrer à son penchant pour la charité, et l'inspirer à son fils et à sa fille, de manière à répandre autour d'eux les bienfaits avec une sorte de profusion, sans cependant nuire à leurs intérêts. D'un autre côté, elle eût pu, à juste titre, être fière de ses enfants; car son fils, qui touchait à sa dix-septième année, était un des élèves les plus distingués de son collège, et, ce qui ajoute à son éloge, c'est que, s'il était un des premiers de sa classe pour les progrès littéraires et scientifiques, il était sans contredit le premier de tous sous le rapport de la piété et de l'instruction religieuse.

Quant à la petite Aurélie, c'était à dix ans la

plus charmante enfant que l'on pût rencontrer. Peut-être quelques-unes de mes lectrices supposent, d'après ce que nous avons dit de son éducation, qu'elle devait être triste et sérieuse : ce serait une grande erreur. Jamais enfant ne montra une gaieté plus vive, plus facile, plus expansive; pour un rien ses yeux s'animaient, un rire franc et joyeux s'échappait de ses lèvres, rire charmant de l'innocence et de la candeur, qui portait une douce joie dans le cœur de sa mère.

Cette famille jouissait donc d'une tranquillité parfaite que rien ne semblait devoir troubler, lorsqu'une catastrophe aussi douloureuse qu'imprévue vint jeter le trouble et la désolation au milieu d'elle.

M. Bouchard était parti depuis quelques jours pour le chef-lieu du département dont il avait la recette générale, ainsi qu'il avait coutume de le faire à certaines époques de l'année. Son absence avait duré cette fois un peu plus qu'à l'ordinaire, et sa femme commençait à s'inquiéter, lorsqu'elle reçut la lettre suivante écrite par le secrétaire de son mari :

« Madame, un grand malheur vient d'éclater
« comme la foudre. Au moment de notre arrivée

« ici, nous avons appris que M. M***, le fondé de
« pouvoirs de M. Bouchard, qui depuis près de
« vingt ans gère la recette générale, était parti la
« veille pour l'étranger, laissant une lettre à l'a-
« dresse de Monsieur, sans doute pour lui expli-
« quer son départ ; car Monsieur ne m'a pas donné
« connaissance de cette lettre. Ce que je sais, c'est
« qu'après l'avoir lue, il est devenu pâle comme la
« mort ; puis il s'est rendu immédiatement dans
« les bureaux de la recette, et a vérifié les livres et
« la caisse. Il paraît qu'il y a un énorme déficit :
« je n'en parle que par ouï-dire ; car Monsieur,
« contre son habitude, n'a pas jugé à propos de
« m'en souffler mot. Seulement, après être resté
« toute une journée et une partie de la nuit à
« examiner les livres et les papiers, il est rentré
« horriblement fatigué, et s'est couché sans vou-
« loir rien prendre. Ce matin, le valet de chambre
« est venu de bonne heure m'avertir que Monsieur
« me demandait. Je me suis aussitôt rendu dans sa
« chambre, et je l'ai trouvé en proie à une fièvre
« violente. — « Je voulais écrire à ma femme, m'a-
« t-il dit, mais je n'en ai pas eu la force ; écrivez-lui
« vous-même, et dites-lui de venir ici le plus tôt
« possible avec mes enfants. » — Je me suis em-
« pressé d'obéir ; mais avant de clore ma lettre, j'ai

« voulu attendre la visite du médecin, que j'avais
« envoyé chercher.

« Le docteur soit d'ici; il m'a déclaré qu'il ne
« pouvait encore juger la nature de la maladie de
« Monsieur, mais que comme elle avait pour cause
« principale un violent chagrin, votre présence
« ne pouvait que lui apporter un soulagement
« favorable.

« Daignez agréer, Madame, etc. »

Deux heures après avoir reçu cette lettre, Mme Bouchard montait, avec ses deux enfants, dans une chaise de poste, et se dirigeait vers la ville où résidait son mari. Il n'y avait encore dans cette direction ni chemin de fer ni télégraphe électrique. Quoiqu'elle ne s'arrêtât que pour changer de chevaux à chaque relai, elle mit près de trente-six heures à faire un trajet qu'on fait aujourd'hui en dix heures au plus.

Pendant ce temps-là, le mal avait fait des progrès rapides, et lorsqu'elle arriva, il n'y avait plus d'espoir de sauver son mari. Cependant, quand il l'aperçut avec ses enfants, un sourire mélancolique effleura ses lèvres; ses yeux se ranimèrent, et des larmes brûlantes s'en échappèrent, en recevant les caresses de ces êtres chéris.

« Oh! mon Dieu! s'écria-t-il douloureusement, faut-il donc me séparer sitôt d'une épouse si chère et de ces pauvres enfants!

— Que parlez-vous de séparation, mon ami, dit sa femme en s'efforçant de montrer un calme et une espérance qu'elle était loin de ressentir, au moment même où Dieu permet notre réunion? Espérons en lui : nous le prierons avec tant de ferveur, ces chers enfants et moi, qu'il vous rendra bientôt la santé. »

Et comme les enfants sanglotaient en entendant ce que venait de dire leur père :

« Emmenez-les, dit-il tout bas à sa femme; j'ai à vous entretenir en particulier; revenez seule dans quelques instants, et défendez à tout étranger d'entrer dans cette chambre pendant notre entretien. »

Elle s'empresse de se conformer aux désirs de son mari, et, après avoir emmené les enfants sous prétexte de leur faire donner à dîner, elle revint seule auprès de son mari.

« Ma chère amie, lui dit-il quand elle se fut assise auprès de son lit, je ne me fais pas d'illusion, et, comme je vous le disais tout à l'heure, nous allons bientôt nous séparer pour toujours. » Et comme il la voyait prête à se récrier, ainsi qu'elle l'avait fait un instant auparavant, il reprit vivement : « Veuillez ne pas m'interrompre, je vous prie; le coup qui m'a frappé est mortel, et tout l'art des médecins ne saurait me guérir. Je n'ai plus longtemps à vivre, et je veux profiter de ces courts instants pour vous révéler toute l'étendue du malheur qui nous accable, et dont vous n'avez pas sans doute l'idée... Je suis complètement ruiné, et cela par l'infidélité d'un homme que depuis ma jeunesse, — nous nous étions connus au collège, — je regardais comme un ami sûr et dévoué. J'avais en lui plus de confiance qu'en moi-même, car il avait plus de capacité en matière de finances que moi, et sans lui, si je ne l'avais décidé à quitter la maison de banque de son frère, à laquelle il était associé, pour me seconder et gérer en mon nom cette recette générale, je n'aurais jamais accepté cet emploi. Pendant longtemps il a rempli ses fonctions d'une manière irréprochable; malheureusement, depuis quelques années, il s'est livré à mon insu à des opérations de bourse qui, après lui avoir réussi, sont devenues désastreuses. Alors il a eu l'indélicatesse, — pour me servir d'une expression adoucie, — de se servir des fonds et des valeurs de la caisse pour couvrir ses pertes, et de plus, agissant en vertu du mandat que je lui avais confié, il m'a engagé moi-même dans ses opérations et dans leurs funestes résultats. Il est parti d'ici la veille de mon arrivée, en me laissant pour adieu une lettre dans laquelle il me fait une confession pleine et entière de ses fautes envers moi, en témoigne un amer repentir, et me déclare que, si je désire lui faire subir une première expiation en le poursuivant en justice comme mandataire infidèle, il se met à ma disposition et qu'il est tout prêt à subir la condamnation qu'il a méritée. Puis il ajoute que si toutefois, par un excès de générosité dont il se reconnaît indigne, je m'abstenais de le dénoncer à la justice, il prend l'engagement de travailler jour et nuit à réparer le tort qu'il me cause, et il ne désespère pas d'y parvenir au bout de quelques années, ce qui lui serait impossible s'il était traduit en justice, et s'il subissait une condamnation. Il termine en m'indiquant le lieu de sa retraite, où il restera quinze jours à attendre ce que j'aurai décidé sur son sort. Ce délai écoulé, s'il n'entend pas parler de moi, il jugera que le sentiment de la générosité l'a emporté chez moi sur celui de la vengeance, et il passera en pays étranger, où il consacrera le reste de sa vie au grand acte de justice et de réparation auquel il vient de s'engager...

« Tel est en substance, reprit M. Bouchard après

une légère pause, le contenu de cette lettre, que je n'ai communiquée jusqu'ici à personne. Je n'ai point porté de plainte en justice contre lui, et n'ai pas intention d'en porter : non pas, je l'avoue, par un sentiment de générosité ou un reste d'affection pour cet homme qui m'a si indignement trompé; bien moins encore par l'espoir de voir se réaliser ses promesses d'un dédommagement complet ou même partiel; mais parce que j'éprouve une certaine répugnance à paraître en justice pour une affaire de cette nature, dans laquelle on m'adresserait des reproches mérités. On m'accuserait à mon tour de n'avoir pas surveillé, comme j'aurais dû le faire, la gestion de fonctions aussi importantes et aussi délicates, et de les avoir en quelque sorte abandonnées à un tiers, pour passer mon temps à Paris, tandis que j'aurais dû résider au chef-lieu où se trouvait la recette générale dont j'étais titulaire. Puis, quand j'aurais le courage de braver de pareils reproches, quel serait en définitive le résultat de ce procès ? Mon mandataire serait condamné à un certain nombre d'années de prison, cinq ans au plus, et à me rembourser toutes les sommes qu'il a détournées à mon préjudice, avec dépens, dommages-intérêts, etc. etc. Eh bien, quand j'aurais obtenu ce jugement, serais-je plus avancé ? J'ai la conviction que je ne pourrais pas arracher un centime de cet homme, à qui il ne reste rien de tout l'argent qu'il a follement dépensé au jeu de la bourse. J'en serais encore pour les frais du procès, comme étant partie civile, et pour m'entendre répéter jusqu'à satiété que c'est par ma faute, par ma négligence, que je me suis laissé ainsi duper. Non, j'y suis bien résolu, je ne m'adresserai point aux tribunaux, et je laisserai cet homme à ses remords pour toute vengeance. Cependant je conserverai cette lettre, et je désire qu'après ma mort vous la conserviez aussi, non pas pour garder un titre contre cet homme, mais afin que mes enfants connaissent un jour la véritable cause de ma ruine et de la leur; afin qu'ils sachent que je n'ai point perdu ma fortune en folles dépenses; mais par un excès de confiance dans un homme que je croyais mon ami.

« Vous devez comprendre maintenant, fit M. Bouchard après une nouvelle pause, ainsi que je vous le disais tout à l'heure, que le coup qui m'a frappé doit être mortel, et j'en remercie Dieu, car il ne m'eût plus été possible de vivre après un pareil événement, et je n'aurais jamais eu la lâcheté de recourir à un suicide...

— Ah ! mon ami, s'écria Mme Bouchard en l'interrompant, ne parlez pas ainsi, je vous en supplie !... Il y a dans ce que vous venez de dire un accent de désespoir qui ne convient pas à un homme courageux, à un père de famille, et surtout à un chrétien. Le malheur qui vous arrive est immense sans doute ; mais, après tout, vous n'avez perdu qu'une somme d'argent plus ou moins considérable, vous n'avez fait de tort qu'à vous-même, et si l'on peut vous accuser de négligence, on ne saurait vous accuser d'avoir manqué à l'honneur et à la délicatesse. Faut-il pour une perte matérielle, qui n'est peut-être pas irréparable, vous laisser ainsi aller à l'accablement et au désespoir ?

— Ah ! Madame, reprit M. Bouchard en poussant un profond soupir, vous ne connaissez pas toute l'étendue de cette perte, et quelles en seront les funestes conséquences. J'ai tout examiné, tout calculé, et après m'être rendu un compte exact de mes dettes de toute nature et de mes ressources, j'ai reconnu qu'après avoir employé d'abord mon cautionnement à remplir le déficit de ma caisse, le reste de mes biens ne suffira pas à solder mes autres créanciers, et que je serai encore de plus de cent mille francs au-dessous de mes affaires. Ainsi je serai nécessairement déclaré en faillite. En faillite ! comprenez-vous ce que ce mot a de flétrissant pour un homme comme moi? La faillite ou la déconfiture d'un haut fonctionnaire comptable envers l'État, c'est le déshonneur pour lui... et pour ses enfants! et vous voulez qu'après cela il me soit possible de supporter la vie!...

— Calmez-vous, mon ami, je vous en supplie, et examinons paisiblement si votre situation est aussi désespérée que vous vous l'imaginez. Quoique je m'entende fort peu aux affaires, veuillez, je vous prie, m'écouter un instant, et répondre à une simple question que je vais vous adresser. Avez-vous compris dans les ressources à votre disposition pour solder vos dettes de toute nature les biens qui me sont personnels, ou, pour parler votre langage, avez-vous fait figurer ma dot à votre actif?

— Nullement, et je n'en ai même pas eu la pensée, parce que ce bien ne m'appartient pas, et que ce serait une injustice révoltante de songer à vous dépouiller de votre héritage paternel et de vous entraîner dans ma ruine.

— Et moi, en vous épousant, j'ai pris devant Dieu l'engagement solennel de partager vos chagrins et vos joies, votre prospérité comme votre adversité; et moi, je trouve que ce serait une injustice plus révoltante de ma part, si je ne consentais pas à partager le malheur qui vous accable aujourd'hui; ce serait violer mon serment, et aucune considération ne saurait m'y contraindre.

— Mais, malheureuse femme, savez-vous à quoi vous vous exposeriez? Sans doute votre dot suffirait à combler l'abîme de mes dettes; mais après cela il ne vous resterait presque rien, s'il vous restait quelque chose. Comment feriez-vous alors pour vivre, vous et vos enfants?

— Mais si nous n'avons pas recours à ce moyen, vous serez déshonoré, et ce déshonneur rejaillira sur vos enfants et sur moi : voilà ce que vous venez de me dire. D'un autre côté, si nous employons cette dernière ressource, nous serons, dites-vous, ruinés; mais entre la ruine et le déshonneur pouvons-nous hésiter? Croyez-vous que nos enfants me sauraient gré un jour de leur avoir conservé à un tel prix une misérable fortune?

— Oui, vous avez raison, dit son mari d'un ton pénétré, on doit préférer la ruine au déshonneur; mais avant d'accepter, avec toute la reconnaissance qu'il mérite, votre sacrifice, qui peut seul, en effet, effacer, ou plutôt prévenir la tache prête à souiller mon nom, encore une fois, répondez à ma question, comment ferez-vous pour vivre et pour faire vivre et élever vos enfants?

— Comment ferons-nous? C'est là, pour le moment, ma moindre inquiétude. Tout ce que je sais, c'est que Dieu ne nous abandonnera pas; car il a dit: « Cherchez avant tout mon royaume et sa justice, « et le reste vous sera donné par surcroît. » Je n'ai pas oublié non plus cette belle devise de nos pères : « Fais ce que dois, advienne que pourra. » Or savez-vous, mon ami, ce qui adviendra quand nous aurons ainsi rempli notre devoir? D'abord nous jouirons de ce calme de la conscience qui suit toujours l'accomplissement d'un devoir, et qui est un des plus grands bonheurs que l'homme puisse goûter ici-bas; ensuite vous aurez regagné dans l'estime de vos concitoyens un rang plus élevé que celui que vous y occupiez avant cette épreuve. Je suis persuadée que vos amis et vos protecteurs haut placés, en apprenant votre malheur, s'empresseront de vous dédommager de la perte de votre place en vous procurant un emploi honorable et lucratif. Je désirerais, pour mon compte, que cet emploi vous obligeât à résider dans quelque petite ville de province éloignée de la capitale, de ses plaisirs bruyants et dispendieux. Là nous vivrons d'une vie modeste et tranquille, et vous goûterez en paix, auprès de vos enfants, les joies du foyer domestique, mille fois préférables aux joies factices du monde.

— Merci, ma bien-aimée, merci de vos bonnes

paroles et des efforts que vous faites pour me rendre l'espérance. Comment ne serais-je pas touché de tant de dévouement et d'abnégation? Oh! oui, je sens plus que jamais combien il me serait pénible d'être séparé de vous; j'éprouve maintenant le désir de vivre, ne serait-ce que pour vous témoigner ma reconnaissance, et tâcher de réaliser ce bonheur intérieur de la famille, dont vous venez de me tracer un tableau si touchant; mais, hélas! je crains bien qu'il ne soit trop tard, et que le mal qui m'a si subitement attaqué n'ait déjà atteint les sources de la vie.

— Et pourquoi concevoir de pareilles idées? Votre mal vient d'une cause morale, de la crainte sérieuse de ne pouvoir faire honneur à vos engagements: eh bien, maintenant que cette crainte n'existe plus, le calme reviendra dans votre âme, et avec lui la santé de votre corps.

— Je voudrais le croire comme vous : mais la commotion que m'a fait éprouver la nouvelle de mon désastre, et par-dessus tout l'infâme trahison d'un homme qui a abusé de ma confiance, ont causé dans tout mon être un bouleversement qui me tue. Le médecin lui-même, sans me révéler toute sa pensée, n'a pu me cacher la gravité de mon état.

— Dieu seul, mon ami, est le maître de la vie

et de la mort, et les médecins les plus habiles sont sujets à erreur. D'ailleurs que pourrait votre docteur et que pourraient tous les docteurs du monde contre un mal dont la science médicale est impuissante à guérir la cause ? Déjà un mot que je viens de vous dire, et la certitude que votre nom sortira sans tache de cette malheureuse affaire, ont produit sur vous plus d'effet que toutes les prescriptions de votre médecin ; un heureux changement s'est opéré tout à coup dans votre physionomie ; votre œil, morne et abattu quand je suis entrée, s'est ranimé comme par enchantement, et le désir de vivre a succédé au désir de mourir que vous me manifestiez un instant auparavant. Ce n'est pas encore une guérison complète, mais c'est un symptôme des plus favorables, et votre médecin, s'il était ici, l'attesterait comme moi. Sans doute votre âme est encore malade, elle est tourmentée par bien des inquiétudes ; mais savez-vous ce que vous avez à faire pour achever de la guérir complètement ? Adressez-vous avec confiance au médecin des âmes ; il a pour les guérir des pouvoirs bien autrement puissants que ceux que les plus savants docteurs ont reçus des plus célèbres facultés de médecine pour travailler à la guérison des corps, car lui, il tient ses pouvoirs de Dieu même. Appelez-le donc sans retard, confiez-lui vos peines, ouvrez-lui votre cœur et tous les replis de votre conscience, et je vous garantis que vous en recevrez des consolations qui se répandront comme un baume salutaire sur les plaies de votre âme, lui rendront sa sérénité et lui feront bientôt recouvrer toute sa vigueur. Alors votre docteur ordinaire n'aura pas de peine à achever la guérison de votre corps; elle suivra promptement celle de votre âme. »

Mme Bouchard continua pendant quelque temps à entretenir son mari dans cet ordre d'idées, et enfin elle le décida, sans beaucoup de difficulté, à recevoir un *médecin des âmes*, c'est-à-dire un prêtre.

Il se confessa et reçut les derniers sacrements avec une foi et une componction édifiantes : une amélioration sensible se fit presque aussitôt remarquer dans l'état du malade. Le médecin témoigna sa surprise de cet heureux changement, et déclara que tout danger avait désormais disparu.

Après le départ du docteur, M. Bouchard s'écria avec transport :

« O ma bien-aimée, c'est à vous que je dois la vie ! Comment pourrai-je vous témoigner toute ma reconnaissance !...

— C'est à Dieu, reprit-elle vivement, c'est à lui seul que vous devez des actions de grâces.

— Cela est vrai; mais vous avez été l'instrument

dont il s'est servi pour me sauver, et, en vous témoignant ma reconnaissance, elle remonte nécessairement à lui. »

Puis tour à tour il serrait les mains de sa femme et embrassait ses enfants, qui pleuraient de joie.

Cette heureuse journée s'écoula rapidement.

Le soir venu, M. Bouchard déclara qu'il se sentait disposé à passer une bonne nuit, et il exigea que sa femme, qui l'avait veillé la nuit précédente, allât se reposer dans la chambre voisine. Elle obéit, et, après avoir fait coucher ses enfants, elle se jeta elle-même sur son lit pour prendre un peu de repos, dont elle avait grand besoin ; car depuis son départ de Paris elle n'avait pas fermé l'œil.

Un sommeil pesant ne tarda pas à s'emparer de ses sens. Elle dormait encore profondément à cinq heures du matin, lorsque la garde-malade qui avait veillé son mari entra tout effarée dans sa chambre, en s'écriant :

« Ah ! Madame, quel malheur ! Monsieur a perdu connaissance, et il ne donne plus signe de vie. »

En un instant Mᵐᵉ Bouchard fut auprès du lit de son mari. Mais là un spectacle cruel l'attendait. Elle reconnut sans peine les symptômes d'une apoplexie foudroyante. Le médecin, appelé en toute hâte, essaya vainement les moyens usités en pareil cas : la saignée, les sinapismes, tout fut inutile; il ne put que constater que le malade, qu'il avait déclaré la veille hors de danger, était mort par suite d'une congestion cérébrale.

CHAPITRE V

La veuve.

La perte de son mari et de sa fortune, le passage presque subit de l'opulence à la misère, eût été pour bien des femmes une de ces rudes épreuves auxquelles elles n'auraient pu résister. Ce que nous connaissons de Mme Bouchard suffira pour nous faire comprendre qu'elle supporta cette suite de catastrophes imprévues avec une fermeté non pas stoïque, mais toute chrétienne. Ses larmes furent amères, sa douleur fut immense; mais elle fut adoucie par la prière et par la consolante pensée que son mari était mort au moment même où il venait de se réconcilier avec Dieu.

Elle avait à peine rendu les derniers devoirs à son mari, qu'elle reçut la visite de quelques-uns de ses principaux créanciers. Ils commencèrent par lui adresser leurs compliments de condoléance ; puis, tout en faisant de grandes excuses de venir la troubler dans un pareil moment, ils déclarèrent que le désir seul de lui épargner les désagréments qu'entraîneraient les formalités judiciaires pour assurer leurs créances, les avait forcés à faire cette démarche aussi pénible pour eux qu'elle pouvait l'être pour elle-même.

« Messieurs, répondit-elle, expliquez-vous ; mais d'avance je vous préviens que j'entends fort peu de chose aux affaires, et si vous voulez que je vous comprenne, tâchez de mettre cette explication à ma portée.

— Mon Dieu, Madame, reprit celui qui avait déjà parlé au nom des autres, notre proposition est fort simple, et il n'est pas nécessaire d'être initié aux affaires pour la comprendre. D'après la connaissance générale que nous avons de l'état des affaires de feu M. votre mari, nous savons que son passif dépasse son actif, c'est-à-dire que ses dettes dépassent son avoir ; mais nous ignorons le chiffre exact ou même approximatif de cette différence. Pour le savoir, il faudrait connaître le montant d'une créance fort importante qui prime toutes les nôtres : cette créance, Madame, c'est votre dot, ce sont les reprises que vous avez à exercer sur la succession de votre mari.

— Et pourquoi, Messieurs, désireriez-vous connaître le montant de ma dot?

— Parce qu'en le déduisant de l'actif de la succession, nous saurions, à très peu de chose près, quelle somme il resterait pour faire face aux dettes, et par conséquent de combien pour cent chacune de nos créances serait réduite. D'après cela, nous pourrions nous entendre avec vous à l'amiable, et faire un arrangement qui éviterait une déclaration de faillite, ainsi que tous les frais et désagréments qui en résulteraient.

— Mais, Messieurs, s'écria la veuve avec une certaine dignité, que parlez-vous de faillite avant de savoir d'une manière certaine si vous êtes exposés réellement à perdre tout ou partie de vos créances? Si, par exemple, on vous garantissait le remboursement intégral de ce qui vous est dû, capital et intérêts, et qu'on ne vous demandât qu'un court délai pour remplir cet engagement, parleriez-vous encore de faillite, et acquiesceriez-vous à un pareil engagement?

— Oh! certainement, nous y acquiescerions, et nous accorderions même non pas un bref délai, mais tout le temps qu'on pourrait désirer. Du reste, ce n'est là qu'une condition éventuelle, une supposition que Madame fait, et elle ne nous dit pas comment elle pourrait se réaliser.

— Ayez un peu de patience, Messieurs. Vos intérêts ne sont pas en souffrance pour quelques jours de retard. Les scellés ont été apposés hier dans le domicile et sur tous les papiers de mon mari; on attend pour les lever l'arrivée de deux membres de notre famille et d'un homme de loi en qui j'ai toute confiance. Ils seront ici dans trois à quatre jours au plus tard; alors on procèdera à la levée des scellés; vous serez convoqués à cette réunion, et vous verrez que la supposition dont je viens de vous parler se changera en réalité. »

Les créanciers se retirèrent à demi satisfaits. « Se moque-t-elle de nous? disait l'un, quand ils furent dans la rue; avec son air de ne rien entendre aux affaires, elle me fait l'effet de vouloir nous tendre un piège. — Ah! mais, moi, répondait un autre, je ne m'y laisserai pas prendre. Les belles paroles ne me touchent point. Il me faut quelque chose de plus solide. — Bah! disait un troisième, que sait-on? Elle appartient à une bonne famille, et ses parents ne voudront peut-être pas la laisser dans l'embarras. Avez-vous vu comme elle a pris feu rien qu'en entendant prononcer le mot de faillite? C'est pour ces gens-là un épouvantail terrible, et si nous savons bien nous en servir, nous pourrons la mener loin. — Il ne faut pas s'y fier, reprit le premier interlocuteur : cela aurait produit peut-être de l'effet si son mari était encore vivant, parce qu'il aurait pu craindre d'être poursuivi au criminel ; mais maintenant qu'il est mort, toute poursuite de cette nature est éteinte, et nous n'avons plus que l'action civile sur sa succession ; or sa femme et ses enfants, en renonçant à cette succession, comme ils le feront bien certainement, sont hors de toute atteinte. — C'est vrai, reprit celui qui avait porté la parole au nom de tous ; mais alors quel motif aurait-elle eu de nous assurer que nos créances seraient intégralement soldées ? — Peuh ! fit un autre, est-ce que des paroles comme celles-là peuvent l'engager ? Pour moi, je ne m'y fie pas, et je crois tout simplement qu'elle a voulu se débarrasser de nous par ces belles promesses ; vous verrez que quand ses parents et son homme de loi seront ici, elle chantera une autre gamme. Dans tous les cas, tenons-nous bien, et jouons serré. »

Sur cette recommandation, à laquelle tous applaudirent, ils se séparèrent.

Enfin, au jour indiqué, arrivèrent les personnes annoncées par la veuve. C'était un cousin germain du défunt, qui devait être nommé subrogé tuteur, puis l'ancien tuteur de Mme Bouchard, qui n'avait cessé de lui porter le plus vif intérêt, et dont elle avait réclamé les bons offices dans cette circonstance ; enfin un homme de loi particulièrement connu de ce dernier, et renommé autant pour son exacte probité que pour ses lumières.

On forma immédiatement un conseil de famille, dont firent partie les trois nouveaux venus, et dans lequel on nomma le subrogé tuteur, la mère étant tutrice légale de ses enfants. On procéda ensuite à la levée des scellés et à l'inventaire, en présence des parties intéressées. Dans ce dernier acte, la veuve déclara accepter purement et simplement la communauté de biens qui avait existé entre elle et son défunt mari.

A cette déclaration inattendue, ceux des créanciers qui se trouvaient présents se regardèrent avec surprise.

« Bon ! dit tout bas l'un d'eux à son voisin, nous voilà sauvés.

— Ne chantons pas victoire si vite, répondit celui-ci sur le même ton, elle n'a pas encore signé. Voyez son avocat de Paris qui lui parle à l'oreille ; il va peut-être la faire changer d'avis. »

En effet, l'homme de loi avait dit tout bas quelques mots à Mme Bouchard, et celle-ci avait fait un signe approbatif, qui parut de mauvais augure à nos créanciers. Cependant, après la lecture de l'acte, Mme Bouchard signa la première. Un soupir de soulagement s'échappa de la poitrine de nos créanciers. Dès qu'elle eut fini de signer et de parapher la volumineuse minute, elle dit à ces derniers :

« Messieurs, il y a quelques jours je vous annonçais qu'il vous serait offert une garantie suffisante du remboursement intégral de vos créances; croyez-vous qu'en acceptant la communauté, et en m'engageant personnellement à concourir de mes biens personnels au paiement des dettes de mon mari, j'aie tenu la parole que je vous avais donnée?

— Oui, Madame, dit celui qui déjà avait rempli auprès d'elle le rôle d'orateur, et à notre tour nous tiendrons la nôtre, relativement au délai que vous jugerez à propos de prendre pour vous libérer.

— Maintenant, Messieurs, que j'ai dégagé ma parole, permettez-moi de vous présenter M. Plouvier, mon fondé de pouvoir (et en même temps elle leur désignait l'homme de loi arrivé de Paris); je m'entends trop peu aux affaires pour régler directement celle-ci. Vous pourrez donc prendre avec Monsieur tous les arrangements que vous jugerez convenables, comme si c'était avec moi-même. Ma présence étant désormais inutile ici, je vous demanderai, Messieurs, la permission de me retirer. » En disant ces mots, elle salue l'assemblée et rentre dans ses appartements.

M. Plouvier eut bientôt terminé avec tous les créanciers, qui, enchantés d'avoir désormais la certitude de ne rien perdre, accordèrent toutes les facilités possibles pour leur remboursement.

Dès que ses affaires furent terminées en province, Mme Bouchard revint à Paris. Là elle se hâta de vendre l'hôtel qu'ils occupaient dans le faubourg Saint-Germain, et leur jolie maison de campagne de la Celle-Saint-Cloud, où elle avait passé de si heureux jours avec sa chère Aurélie. Puis elle vendit tout son riche mobilier, ne réservant que le strict nécessaire pour meubler un petit logement. Elle ne garda, en fait de meubles de luxe, qu'un beau piano d'Érard, dont son mari lui avait fait cadeau la première année de leur mariage.

Six mois à peine s'étaient écoulés depuis la mort de son mari, que toutes ses dettes étaient payées; mais, cette pénible liquidation opérée, il ne restait plus à la veuve qu'une vingtaine de mille francs pour tout capital, c'est-à-dire une somme à peine égale au tiers de leur revenu annuel à l'époque de leur mariage.

Quelques lecteurs me diront peut-être : « Mais elle n'était pas entièrement ruinée, puisqu'il lui restait encore vingt mille francs. Il y a une foule de gens, d'honnêtes ouvriers, de petits marchands qui se croiraient riches s'ils avaient vingt mille francs de capital.

— Cela est vrai, répondrai-je, mais seulement d'une manière relative. Sans doute l'homme qui n'a rien, qui n'a jamais rien possédé, ou qui ne possède qu'un petit avoir, regardera vingt mille francs comme une fortune, et c'en sera une en effet pour lui, s'il sait faire valoir ce petit capital par le travail, l'ordre et l'économie. Mais pour celui qui a possédé des millions, qui a été habitué dès ses plus tendres années à vivre dans l'opulence, se voir réduit à vingt mille francs de capital, c'est-à-dire à peine un revenu de mille francs, c'est la ruine, c'est la misère. Permettez-moi une comparaison pour mieux faire comprendre ma pensée. Un aveugle se croirait heureux s'il obtenait la faculté de voir d'un œil seulement ; tandis qu'un homme dont les deux yeux auraient toujours joui d'une vue excellente, serait malheureux s'il devenait borgne. Ainsi on ne peut pas dire d'une manière absolue que telle ou telle situation doit rendre heureux ou malheureux ; il faut nécessairement tenir compte de la condition et des habitudes antérieures ; car ce qui pour l'un sera regardé comme un grand bienfait, deviendra pour un autre un cruel désastre. »

Certes, un grand nombre de femmes réduites à la position de Mme Bouchard seraient peut-être tombées dans le désespoir et le découragement ; car, après avoir joui toute sa vie de l'aisance et du superflu que donne l'opulence, comment vivre avec un revenu de mille francs, lorsqu'il s'agit de pourvoir dans Paris aux choses les plus indispensables de la vie, au logement, à la nourriture, à l'entretien de trois personnes ? Nous ne parlons pas de la pension du fils, qui était de douze cents francs, et qui seule dépassait par conséquent de deux cents francs le revenu entier de la famille.

Mme Bouchard avait compris et mesuré toute l'étendue de son sacrifice dès qu'elle l'avait résolu ; elle avait demandé à Dieu la grâce de l'accomplir avec fermeté ; et de même que la religion lui avait appris auparavant à ne pas se laisser éblouir par l'éclat d'une grande fortune, de même aujourd'hui elle lui apprenait à supporter avec courage les coups de l'adversité.

Ce qui lui donna d'abord le plus d'inquiétude, ce fut la pensée d'être obligée de retirer son fils du lycée, ne pouvant plus payer sa pension. C'était quelque chose de poignant pour le cœur d'une mère, de se voir forcée de faire abandonner ses études à un jeune homme de dix-sept ans, qui s'était toujours distingué d'une manière si brillante, et qui n'avait plus que deux ans de travail pour avoir terminé son éducation.

Enfin, après avoir longtemps réfléchi, longtemps prié Dieu et sa sainte mère de l'éclairer, de la diriger, elle s'arrêta à la résolution suivante. Elle prendrait un logement, de deux cents à deux cent cinquante francs ou plus, dans le quartier du Luxembourg, à proximité du lycée où avait été élevé son fils. Ses deux enfants resteraient avec elle; son fils poursuivrait ses études au même lycée comme externe; de son côté, tout en continuant l'éducation de sa fille, elle trouverait moyen d'utiliser les connaissances qu'elle avait acquises, soit en donnant des leçons de musique, de dessin ou de grammaire à de jeunes personnes, soit en travaillant à des broderies fines, et elle pourrait ainsi augmenter un peu son modeste revenu.

Une fois qu'elle eut pris cette résolution, elle en fit part à ses enfants en leur disant : « Mon bon Louis, ma chère Aurélie, votre père et moi nous espérions vous laisser une grande fortune, qui vous eût exemptés non pas de travailler, car le travail est une loi à laquelle nous sommes tous assujettis dans quelque condition que nous soyons placés, mais du moins de travailler pour gagner votre vie. Des événements malheureux, indépendants de notre volonté, en ont décidé autrement, et cette fortune que nous regardions comme inébranlable, et sur laquelle nous fondions tant d'espérances chimériques, s'est évanouie comme une fumée. Hélas! mes enfants, rien n'est plus instable et plus fragile que les biens de ce monde. Soumettons-nous donc avec résignation aux décrets de la Providence, ou plutôt pénétrons-nous de cette vérité que rien n'arrive que par la permission de Dieu, et que le plus souvent ce que nous regardons comme un malheur irréparable est une épreuve salutaire qu'il nous envoie, et qui, si nous savons en profiter, doit tourner à notre avantage. Tenez, mes enfants, par exemple, si vous eussiez été riches comme nous l'espérions, qui sait si vous n'auriez pas, comme tant d'autres, abusé de votre fortune? si vous ne vous seriez pas livrés à l'oisiveté, à l'oubli de Dieu et à tant d'autres contraventions à sa loi, auxquelles entraîne trop souvent la possession des avantages temporels? car vous avez lu dans l'Évangile combien il est difficile à un riche d'entrer dans le ciel. Envisageons donc sans regret la perte de ces biens périssables, trop souvent dangereux, et qui vous auraient peut-être empêchés d'amasser pour le ciel ces trésors dont parle encore l'Évangile, et qui ne craignent ni la rouille ni les voleurs. D'ailleurs, mes enfants, notre situation est loin d'être aussi à plaindre que je l'ai craint un instant; car il aurait pu arriver qu'après avoir payé toutes nos dettes, il ne nous restât absolument rien, ou, ce qui aurait été pire, que le sacrifice de tout notre avoir n'eût pas suffi pour nous acquitter : oh! c'est alors, dans ce dernier cas surtout, que notre malheur eût été réellement accablant, et je frissonne rien que d'y penser. Mais Dieu n'a pas voulu nous soumettre à une aussi cruelle épreuve : grâces lui en soient rendues! Toutes nos dettes sont payées, et s'il ne nous reste qu'une parcelle bien minime de notre fortune, au moins elle nous appartient bien légitimement, et personne n'a plus aucun droit sur elle. Cette parcelle, il est vrai, serait insuffisante pour nous faire vivre sans travailler : eh bien, mes enfants, nous travaillerons, chacun selon nos forces, et avec une bonne conduite, de la persévérance, une entière confiance en Dieu, et une fermeté inébranlable dans notre foi et dans l'accomplissement de nos devoirs religieux, nous parviendrons à retrouver, je ne dis pas une fortune comme celle que nous avons perdue, je suis loin de le désirer, mais une position honorable dans la société et convenable au rang dans lequel nous sommes nés. »

Elle entra ensuite dans des détails sur ses projets, sur les moyens économiques qu'elle emploierait pour diminuer les dépenses et augmenter leurs faibles ressources.

Aurélie ne comprenait pas toujours très bien, quoique son intelligence fût déjà développée plus qu'elle ne l'est ordinairement chez les enfants de son âge; mais, pleine de confiance dans la sagesse et la prudence de sa mère, elle ne songeait pas à lui demander des éclaircissements sur ce qui lui paraissait obscur. Louis, au contraire, avait tout compris et tout approuvé; il était cependant un point qui l'embarrassait, et il en demanda l'explication à sa mère.

« Tout à l'heure, lui dit-il, vous nous avez fait observer avec justesse que nous devions suppléer par notre travail à l'insuffisance de nos ressources; vous nous avez expliqué quels moyens vous vous proposiez d'employer vous-même pour gagner quelque chose; mais vous ne nous avez pas dit comment le travail de ma sœur et de moi viendrait en aide au vôtre.

— Mon ami, ton travail à toi est de finir tes études le plus tôt et le mieux que tu pourras, afin d'obtenir un emploi ou d'exercer un état qui te mette à même de gagner ta vie. Le travail d'Aurélie consistera pour le moment à suivre avec attention les leçons que je lui donne, et à se préparer à faire sa première communion à Pâques prochain, s'il est possible.

— Très bien, bonne mère, je comprends cela; mais ce travail est tout à fait improductif. Ce n'est que dans plusieurs années que nous pourrons vous seconder d'une manière efficace; et jusque-là vous seule, bonne mère, vous travaillerez pour vos enfants, qui, loin de vous rapporter quelque profit, ne feront que vous occasionner un surcroît de dépenses. Cela ne me paraît pas juste, du moins en ce qui me concerne; quant à ma sœur, elle est trop jeune et trop faible pour se livrer à une occupation quelque peu productive; mais moi, je suis assez grand et assez fort pour m'occuper d'une manière utile; j'ai une assez bonne écriture; je pourrais faire des copies ou entrer comme clerc chez un notaire...

— Merci, mon ami, de ta bonne volonté, interrompit la mère en souriant. A Dieu ne plaise que je songe à interrompre tes études pour te faire gagner quelque chétive somme à noircir du papier timbré ! Je sais trop bien calculer pour commettre une pareille imprudence. En travaillant comme tu vas le faire à terminer tes études, tu sèmes pour recueillir plus tard, et il faut bien se garder de manger son blé en herbe. Ce n'est que quand la moisson sera mûre, c'est-à-dire quand tu seras en état de tirer un parti sérieux et utile des connaissances que tu auras acquises, que tu pourras songer à venir en aide à ta sœur ou à moi. Tout cela, mes enfants, je l'avais prévu ; j'avais calculé que ce ne serait qu'au bout d'un certain nombre d'années que vous pourriez l'un et l'autre obtenir de votre travail un bénéfice quelconque ; en attendant, je suis encore assez forte et assez jeune, si Dieu me conserve la santé, pour subvenir par mon travail à nos besoins d'une manière suffisante, jusqu'à ce que je puisse me reposer de ce soin sur vous deux. Ainsi, mes enfants, livrez-vous sans inquiétude, comme par le passé, aux travaux qui conviennent à votre âge, avec une pleine confiance en Dieu et en votre mère. »

Après cet entretien, Mme Bouchard s'occupa de l'exécution de son projet. Elle loua un petit loge-

ment de deux cents francs dans le haut de la rue
Monsieur-le-Prince, à peu de distance du lycée
Louis-le-Grand, dont son fils devait fréquenter les
classes, et à la portée du jardin du Luxembourg, où
ses enfants pourraient jouir d'un air pur et d'une
promenade salutaire.

Dès qu'elle se fut installée dans son nouvel appartement, elle fit une visite au proviseur du lycée
pour lui annoncer la détermination qu'elle avait
prise relativement à son fils, par suite de la mort
de son mari, et de l'économie qu'elle était forcée
d'apporter dans ses dépenses.

Le proviseur avait entendu parler de la ruine de
M. Bouchard et de la noble conduite de sa veuve. Il
avait prévu qu'elle ne serait plus en état de payer
la pension de son fils; mais, comme il tenait à conserver cet élève, il avait, d'office et à l'insu de la
mère, fait auprès du ministre de l'instruction publique les démarches nécessaires pour obtenir une
bourse pour ce jeune homme. Il n'avait pas eu de
peine à avoir une réponse favorable; car le nom de
Louis Bouchard figurait chaque année parmi les
lauréats du concours général, et toutes les notes de
ses maîtres le signalaient comme un élève modèle.

Lorsque M⁽ᵐᵉ⁾ Bouchard lui eut fait part de son
projet, le proviseur, au lieu de lui répondre, ouvrit

un carton qui se trouvait sur son bureau, en retira un papier qu'il présenta à M⁽ᵉ⁾ Bouchard, en disant :

« Veuillez, Madame, avoir la complaisance de lire cette pièce; vous me direz ensuite si elle ne modifiera pas un peu le projet que vous venez de me communiquer.

— Oh! mon Dieu, s'écria la veuve au comble de l'étonnement, et après avoir lu deux fois le papier; mais c'est un arrêté du ministre qui accorde à mon fils une bourse entière dans votre lycée, jusqu'à ce qu'il ait terminé ses études! Veuillez me dire, Monsieur, à qui je suis redevable d'une si grande faveur, qui vient me trouver sans que j'aie songé à la solliciter.

— Madame, vous n'en êtes redevable qu'à votre fils lui-même. Dernièrement une bourse s'est trouvée vacante; le ministre a demandé les noms des élèves qui, par leur bonne conduite, leur capacité et leurs succès, mériteraient le mieux de l'obtenir. Après avoir examiné les titres de chacun des candidats, il a jugé que votre fils devait l'emporter sur ses camarades; il a, en conséquence, rendu l'arrêté dont vous tenez une ampliation, et dont vous recevrez aujourd'hui ou demain une copie semblable émanée directement du ministère.

— Oh! Monsieur, reprit la veuve d'un ton pénétré, vous avez beau chercher à me faire prendre le change, je suis convaincue que c'est à vous seul que nous avons l'obligation d'un si grand bienfait, et je vous prie de recevoir ici la première expression de notre reconnaissance.

— Je ne me défends pas, Madame, répond en souriant le proviseur, d'avoir été pour quelque chose dans le résultat de cette affaire; mais, comme je vous l'ai dit, c'est à votre fils surtout qu'il faut en attribuer le succès. Pour moi, si j'y ai contribué en quelque chose, c'est peut-être par un sentiment d'égoïsme qui doit diminuer le mérite de ce que j'ai fait. Je vois sur vos lèvres errer un sourire d'incrédulité : eh bien, Madame, rien pourtant n'est plus vrai. Nous autres chefs d'établissement, nous avons notre amour-propre, et je tenais à conserver pour le lycée que je dirige un sujet précieux, qui ne peut que lui faire honneur. Si, après ces explications, vous croyez encore me devoir quelque reconnaissance, la meilleure manière de me le prouver est d'engager votre fils à redoubler de zèle et d'ardeur, et à se montrer jusqu'à la fin de ses études digne de la faveur dont il est aujourd'hui l'objet. »

En rentrant chez elle, Mme Bouchard trouva la lettre du ministre, ainsi que le lui avait annoncé le proviseur. Nous n'avons pas besoin de dire avec quels transports cette bonne nouvelle fut accueillie dans la famille ; c'était la première joie qu'on y goûtait depuis la mort de son chef. La mère, après avoir rendu compte de sa visite au proviseur, tout en supprimant une partie des éloges qu'il avait faits de son fils, dans la crainte d'exciter la vanité de celui-ci, ajouta :

« Tu te plaignais l'autre jour de ce que ton travail était improductif : eh bien, mon enfant, tu vois que tu étais dans l'erreur, puisque dès à présent ton travail va te procurer le moyen de finir tes études sans être à charge à ta mère. Tu seras tranquille désormais sur notre sort ; car notre modique revenu pourra presque nous suffire, à ta sœur et à moi, pour tous nos besoins. Vous le voyez, mes enfants, que j'avais raison de vous dire qu'il fallait avant tout mettre notre confiance en Dieu, et qu'il ne nous abandonnerait pas. Commençons donc par le remercier de l'insigne faveur qu'il nous accorde aujourd'hui, et prions-le avec ferveur de nous soutenir dans la vie d'épreuves où nous sommes entrés. »

Elle se mit aussitôt à genoux au pied d'un crucifix ; ses enfants l'imitèrent, et répétèrent après elle la prière d'action de grâces que leur mère adressa à haute voix à Dieu et à la sainte Vierge.

Quelques jours après, Louis rentra au lycée, et

reprit sa place au milieu de ses camarades, qui ne se doutèrent pas qu'il avait failli n'être plus leur commensal. Il continua à se comporter de manière à s'attirer l'affection et l'estime de ses maîtres et de ses condisciples. La dernière année de ses études, il obtint le grand prix d'honneur au concours général. Comme depuis longtemps il avait manifesté sa vocation pour l'état militaire et dirigé ses études vers ce but, il passa bientôt ses examens pour l'école de Saint-Cyr, et il fut reçu l'un des premiers par ordre de mérite.

Pendant ce temps-là, la jeune Aurélie avait fait aussi de rapides progrès sous la direction intelligente de sa mère. Après sa première communion, qu'elle fit dans les plus heureuses dispositions à l'église Saint-Sulpice, leur paroisse, elle suivit assidûment les catéchismes de persévérance. Elle acquit dans ces exercices une solide instruction religieuse qui, tout en éclairant sa foi, lui inspirait de plus en plus le désir de conformer sa vie aux divins préceptes de l'Évangile. En même temps elle avait cultivé avec non moins de succès les autres connaissances qui entrent dans l'éducation d'une jeune personne. A treize ans, elle parlait et écrivait sa langue avec pureté. L'histoire sainte et l'histoire de France lui étaient familières ; elle savait, des autres parties de l'histoire et de la géographie, plus que bien des élèves des meilleurs pensionnats n'en connaissent à seize et même à dix-huit ans. Son institutrice, c'est-à-dire sa mère, lui avait également enseigné la musique, le dessin et les travaux d'aiguille, et en tout elle avait montré, sinon un talent hors ligne, au moins une aptitude remarquable, et surtout une bonne volonté et une docilité parfaites.

Il ne faut pas croire que pour lui faire apprendre tant de choses sa mère l'eût fatiguée par un travail continuel. Elle avait divisé le temps de la journée de manière que la jeune fille passât d'une étude sérieuse à une occupation plus agréable ou qui demandait moins d'application. Chaque jour, quand le temps le permettait, la mère et la fille allaient faire une promenade au jardin du Luxembourg. C'était, comme le disait Aurélie, « la grande récréation; » puis il y avait les jours de fête : c'étaient les jours de sortie de son frère. Oh! alors, on faisait de grandes promenades dans les environs de Paris; ou bien, quand le mauvais temps ne permettait pas ces excursions, on passait délicieusement la journée en causeries intimes; et si c'était un dimanche ou un jour de fête religieuse, on assistait ensemble aux offices dans cette belle église Saint-Sulpice, où les cérémonies du culte revêtent un caractère si imposant et si majestueux.

En somme, le frère et la sœur paraissaient parfaitement heureux, et ils ne cessaient de le répéter à leur mère. Louis disait souvent :

« Que m'importe d'avoir perdu une fortune ? J'espère bien en gagner une suffisante pour moi-même, et pour aider notre bonne mère quand elle ne pourra plus travailler. C'est là toute mon ambition.

— Moi, disait Aurélie, je ne regrette la fortune que parce que nous ne pouvons plus, comme autrefois, porter des secours aux pauvres, leur acheter des vêtements, payer leur loyer. Oh ! que j'étais heureuse, quand, à la campagne, j'accompagnais maman dans les chaumières, où nous portions, avec quelques pièces de monnaie, la joie et le bonheur, et où nous recevions en échange les bénédictions du pauvre !

— Comment ! mon enfant, répondit la mère, est-ce que tu penses que les riches seuls peuvent exercer la charité ? Non, ma fille, non ; Dieu, en mettant la pitié dans le cœur de ses créatures, et en leur commandant la charité, n'a pas voulu que les riches eussent seuls le privilège d'être secourables à leur prochain ; d'ailleurs tu l'as vu dans l'Évangile, le denier de la veuve a souvent plus de mérite aux yeux de Dieu que les dons fastueux de l'opulence. Puis il y a bien d'autres moyens d'accomplir le devoir de la charité et de goûter la joie qu'il procure, et ces moyens sont à la portée de tout le monde.

— Ah! maman, et vous me l'avez laissé ignorer?

— Mais, ma chère petite, je ne t'ai vue négliger aucune occasion de faire le bien.

— Maman, je ne vous comprends pas du tout. Quel bien ai-je donc fait sans le savoir?

— Souviens-toi de tes conseils à Joséphine, à qui ses parents m'avaient priée de donner des leçons, parce que sa paresse et son indocilité l'avaient fait renvoyer de toutes les pensions où on l'avait placée : eh bien, l'ascendant de ton amitié, les prières que tu fis pour elle, le bon exemple que tu fus attentive à lui donner, changèrent son caractère; elle te doit en partie sa conversion, et ses parents voient en toi la cause de leur satisfaction actuelle. Rappelle-toi encore ton assiduité à visiter soir et matin notre vieille voisine Marguerite pendant sa maladie; les consolations que tu as portées aux orphelins Duménil, à qui tu promis l'affection d'une sœur, et qui essuyèrent leurs larmes en t'écoutant; enfin un dimanche de cet été où nous avons été passer la journée dans la campagne, l'aveugle dont tu guidas la marche pour le remettre dans son chemin, la petite paysanne si fatiguée que tu soulageas en portant quelque temps son panier, et la pomme dont tu te privas pour ce petit moissonneur qui avait une si grande soif; tout cela, ma fille, ce sont des œuvres de charité.

— Mais dans tout cela je ne voyais que du plaisir.

— Cette observation, toute juste qu'elle est, ne diminue en rien le mérite de tes actions, si, tout en faisant le bien avec plaisir et à la satisfaction de son propre cœur, on y joint la pensée d'être agréable à Dieu et d'accomplir sa volonté. Souviens-toi encore de la résolution que tu as prise d'enseigner la lecture et l'écriture à ces pauvres enfants du quatrième, que leurs parents ne peuvent pas envoyer à l'école : voilà encore une œuvre de charité. Ainsi, donner d'utiles conseils par ses paroles et par son exemple, visiter les malades, consoler les affligés, soulager les infirmes, instruire les ignorants, sont autant de bonnes œuvres qu'on peut accomplir sans être riche. Vois donc, ma bonne amie, que de ressources sont offertes aux âmes charitables, et remercie le bon Dieu d'avoir donné aux hommes tant de moyens de faire le bien.

— Oh! que je suis contente de tout ce que vous

me dites là, maman! Mais pourquoi ne m'en avez-vous pas parlé plus tôt?

— Je viens, mon enfant, d'éloigner un regret de ton cœur; mais, avant de te l'avoir entendu exprimer, je me plaisais à te voir pratiquer des vertus sans savoir leur nom. Tu es éclairée maintenant, prends garde seulement que cette lumière n'éveille en toi des sentiments de vanité, et songe bien à ne jamais confondre la satisfaction d'une conscience qui s'avoue sans reproche avec les applaudissements que se donne l'amour-propre. Il n'y a pas de charité vraie et méritoire sans humilité. »

On peut juger par cet échantillon de la manière dont Mme Bouchard enseignait à ses enfants la morale et la pratique des vertus chrétiennes. Pour elle, ne vivant que pour ses enfants et pour Dieu, oubliant le monde qui l'avait oubliée, elle goûtait dans son modeste logement de la rue Monsieur-le-Prince une paix et des consolations qu'elle n'avait pas toujours connues dans son brillant hôtel du faubourg Saint-Honoré.

Mais cette tranquillité fut tout à coup troublée par une vive inquiétude. Sa chère Aurélie, qui jusque-là avait joui d'une santé parfaite, tomba malade. Les soins attentifs et intelligents de sa mère contribuèrent, plus que les prescriptions du médecin, à écarter le danger qui l'avait menacée dès les premiers jours de sa maladie. Elle guérit, mais imparfaitement. Elle avait grandi rapidement pendant sa maladie, et il lui restait une faiblesse qui menaçait de se prolonger indéfiniment.

Les médecins consultés déclarèrent unanimement qu'il fallait à cette enfant, pour reprendre ses forces et recouvrer complètement la santé, un changement d'air et le séjour de la campagne au moins pendant un an ou deux, et jusqu'à ce que son tempérament fût formé.

Cette décision jeta la pauvre veuve dans une cruelle perplexité. La maladie de sa fille, et les frais que lui avait occasionnés l'entrée de son fils à l'École militaire, avaient épuisé toutes ses économies; elle avait même été obligée d'entamer son capital, auxquel jusque-là elle n'avait pas touché. Elle serait encore forcée de prendre sur ce capital pour payer les frais de son déménagement et de son installation à la campagne; mais alors ses revenus seraient diminués d'autant, et elle ne trouverait pas dans un village ou une petite ville de province les ressources que lui procuraient à Paris ses talents et son travail. Pour la première fois peut-être elle regretta amèrement sa maison de la Celle-Saint-Cloud. Mais bientôt, refoulant cette pensée comme coupable ; elle eut recours à Celui qui tant de fois déjà lui avait donné de si puissantes consolations et inspiré de si bons conseils ; elle pria Dieu avec un redoublement de ferveur, de confiance et d'humilité. Puis, l'esprit plus calme, elle alla trouver M. Plouvier, cet homme de loi qui depuis la mort de son mari avait été chargé de ses intérêts. Elle lui exposa sa situation, et lui demanda quel parti il lui conseillait de prendre. L'homme de loi, après avoir réfléchi quelques instants, lui répondit :

« Madame, j'irai après-demain matin vous porter une réponse ; j'espère et je désire encore plus qu'elle soit favorable. »

Le surlendemain, à l'heure indiquée, M. Plouvier se présenta chez Mme Bouchard, et lui dit qu'il avait trouvé un moyen de l'établir avec sa fille à la campagne, pour tout le temps qu'il lui plairait d'y résider, et cela sans toucher à son petit capital.

« Et quel est ce moyen ? demanda la veuve avec curiosité.

— Il est fort simple. J'ai au nombre de mes clients, je pourrais même dire de mes amis, un employé supérieur de l'administration des postes. Je lui ai demandé s'il ne pourrait pas vous donner la direction d'un bureau de poste dans une petite ville de province située en bon air, et où la vie ne fût pas trop chère. Il m'a répondu que le bureau de Saint-Christophe-sur-Cher allait être vacant, et que, si vous désiriez en être la directrice, vous n'aviez qu'à adresser une demande au directeur général, lequel répondait de votre nomination.

— Mais je ne connais pas la personne dont vous me parlez.

— Oh! mais lui, il vous connaît, ou plutôt il a beaucoup connu M. votre mari, et de plus il a appris et justement apprécié la noble conduite que vous avez tenue après sa mort; et il m'a dit que si vous aviez manifesté plus tôt le désir d'entrer dans son administration, il y a longtemps que vous seriez placée.

— Mais je ne connais rien à la tenue d'un bureau de poste; je serais exposée à faire des bévues continuelles, et je ne saurais en conscience accepter un emploi que je serais incapable de remplir.

— Que cela ne vous inquiète pas; vous avez dix fois plus de capacité qu'il n'en faut pour exercer cet emploi, et il suffira que pendant quelques jours un surnuméraire ou un employé vous explique ce que vous aurez à faire, pour que vous soyez au courant de cette besogne comme si vous l'aviez pratiquée pendant dix ans. Après cela, et ceci était la crainte de mon ami, peut-être trouverez-vous que ces fonctions sont trop au-dessous de vous; cependant je vous ferai observer que l'administration des postes est une des plus honorables, et que des personnes appartenant à de très bonnes familles ne dédaignent pas d'y exercer des emplois.

— Oh! Monsieur, vous pouviez vous dispenser de cette dernière considération; ma seule crainte est, au contraire, de rester moi-même au-dessous de cette place; mais si vous pensez qu'il soit aussi facile que vous le dites de se mettre au courant, j'accepte avec reconnaissance votre proposition, et je vous remercie de tout mon cœur de votre bonne inspiration. »

Elle rédigea aussitôt sa demande, et quelques jours après elle reçut sa nomination. Huit jours plus tard, elle s'installait à Saint-Christophe.

Nous avons vu, dans un des précédents chapitres, les petites contrariétés qu'elle eut à éprouver dans les commencements, mais comment ensuite, par la régularité, la fermeté et la délicatesse qu'elle apporta dans l'exercice de ses fonctions, elle avait gagné l'estime des honnêtes gens, et comment, par sa conduite irréprochable, sa charité et ses autres vertus, elle avait obtenu l'affection d'un grand nombre et mérité le respect de tous.

Nous ajouterons que sa chère Aurélie avait retrouvé une santé florissante à Saint-Christophe, et qu'aujourd'hui, — c'est-à-dire au moment où se passent les événements qui nous restent à raconter, — la frêle et délicate enfant d'autrefois était une jeune personne de dix-huit ans, toute resplendissante de beauté, de fraîcheur et de jeunesse, mais cachant, pour ainsi dire, ses avantages extérieurs sous le voile de la modestie, qui y ajoutait un charme de plus.

CHAPITRE VI

La comtesse de Valbrun.

Nous avons vu, à la fin du deuxième chapitre de cette histoire, que Mme de la Sablonnière avait préféré écrire à son fils pour avoir des renseignements positifs sur la résidence de Mme la comtesse de Valbrun, au lieu de s'adresser à la directrice de la poste, comme le lui conseillaient le maire, Mme Blanchon et son frère.

Huit à dix jours après, elle reçut la réponse suivante :

« Je regrette bien, chère maman, que tu n'aies
« pas encore vu Mme de Valbrun. Pourquoi n'avoir
« pas demandé son adresse à la poste, comme on te
« le conseillait? ces choses-là se font tous les jours,
« et n'éprouvent aucune difficulté. Enfin il n'y a
« pas encore trop de temps de perdu ; mais il ne faut
« pas en perdre davantage, car l'affaire prend une

« tournure beaucoup plus sérieuse que je ne m'y
« serais attendu, et si malheureusement un procès
« s'engage, je crains bien que nous ne le perdions.
« Sans doute, s'il n'y avait que le testament de mon
« oncle, qui lègue toute sa fortune à la comtesse de
« Valbrun, nous parviendrions facilement à le faire
« casser, parce qu'il est entaché d'un défaut de
« forme qui le vicie complètement, et que les tri-
« bunaux sont toujours disposés à profiter de la
« moindre illégalité pour annuler de pareils actes
« qui frustrent d'une succession légitime les héri-
« tiers du sang au profit d'étrangers; mais il pa-
« raît que notre adversaire a en sa possession une
« pièce importante qui rendrait toute sa valeur au
« testament. Voilà ce que j'ai appris de mon avoué,
« dont le premier clerc est fort lié avec le secrétaire
« de l'homme d'affaires de Mme de Valbrun. C'est
« par son intermédiaire que j'ai connu le domicile
« actuel de cette dame; c'est lui qui m'a fait voir
« la suscription d'une lettre adressée *à madame la*
« *comtesse de Valbrun, à Saint-Christophe,* et que
« son patron l'avait chargé de mettre à la poste.

« Mon avoué, en apprenant que tu te trouvais
« voisine de campagne de la comtesse, a pensé que
« si tu lui faisais une visite, ou si du moins tu
« lui faisais parler par quelqu'un d'influent, on

« pourrait arriver à une transaction, d'autant plus
« facilement que, d'après ce qu'il a entendu dire,
« cette dame est une excellente personne, ennemie
« des procès et qui ne demanderait pas mieux que
« de s'arranger à l'amiable. « Il y aurait peut-être,
« a-t-il ajouté, un moyen plus facile encore de ter-
« miner cette affaire à la satisfaction de toutes
« les parties : la comtesse a une fille en âge d'être
« mariée. On la dit fort jolie et très bien élevée.
« Un mariage entre cette jeune personne et vous
« serait, à mon avis, une solution parfaitement
« convenable de cette affaire. Soumettez mon idée
« à votre mère ; elle peut mieux que personne juger
« si elle est praticable, et, dans ce cas, trouver les
« moyens de la faire réussir. »

« Cette idée de l'avoué ne me déplairait pas ;
« car la jeune personne, outre les belles qualités
« dont il a parlé, se trouvera en possession d'une
« dot d'au moins quatre cent mille francs, ce qui
« n'est pas à dédaigner, et qui pourrait même cou-
« vrir bien des défauts. Mélanie Pasquier, dont tu
« m'as parlé autrefois, aura tout au plus deux cent
« mille francs. Enfin, chère mère, réfléchis à tout
« cela, tâche de voir la comtesse le plus tôt pos-
« sible, sonde le terrain, fais pour le mieux, et
« tiens-moi au courant de tes négociations. »

La lecture de cette lettre jeta Mme de la Sablonnière dans un grand embarras. Il fallait absolument faire auprès de la directrice de la poste la démarche qui lui répugnait si fort. Après quelques instants de réflexion, elle résolut de s'adresser à son frère. Malgré le ton bourru et sarcastique qu'il prenait souvent avec elle, il lui avait toujours donné de bons conseils, et au besoin il se chargerait lui-même de voir Mme Bouchard. Elle alla donc immédiatement le trouver; son habitation était voisine de la Sablonnière, et elle lui lut la lettre de Jules, en omettant, et pour cause, le passage concernant Mlle Mélanie Pasquier.

M. Galtier, après avoir écouté cette lecture, dit d'un ton sérieux :

« Cette affaire, quoique je ne l'aie jamais connue à fond, car jamais je n'ai pu me rendre compte des motifs qui avaient déterminé ton beau-frère à déshériter sa famille, m'a toujours paru extrêmement louche, et si l'on avait suivi mes conseils, Jules ne l'aurait pas poursuivie.

— Vous en parlez fort à votre aise, mon frère; on ne prend pas si aisément son parti de perdre une fortune de près d'un million.

— Si cette fortune ne nous vient pas d'une manière juste et équitable, il faut en faire le sacrifice, fût-elle dix fois plus considérable, surtout quand on est dans une position à pouvoir s'en passer... Mais brisons là-dessus; je ne veux pas revenir sur ce que j'ai dit à ce sujet à toi et à ton fils. Maintenant qu'il est question de transiger, je crois que ce serait le parti le plus sage, si cela est possible.

— Je le crois comme vous. Mais que dites-vous de l'idée de l'avoué relativement à un mariage entre Jules et Mlle de Valbrun?

— Cette idée serait assez bonne si elle pouvait se réaliser; mais je vois à cela une foule d'obstacles.

— Et lesquels, s'il vous plaît? Sous le rapport de l'âge et de l'éducation, les jeunes gens se conviennent; quant à la fortune, mon fils pourrait prétendre à beaucoup mieux; et même j'avais rêvé pour lui une alliance bien plus relevée. Mais enfin on se contentera de celle-ci, puisqu'elle éviterait un procès désagréable et coûteux.

— Ah çà! petite sœur, je ne te comprends plus, reprit en souriant le commandant : que veux-tu dire avec ton alliance plus relevée que celle de la fille de Mme la comtesse de Valbrun? Veux-tu parler de Mlle Pasquier, avec la famille de laquelle j'ai entendu dire que tu étais engagée? et c'était là un des obstacles dont je voulais parler tout à l'heure.

— Non, certainement, je n'entends pas parler de

Mélanie; il n'existe d'ailleurs entre sa famille et nous aucun engagement; il y a seulement quelques propos en l'air tenus assez légèrement, et qui ne sauraient nous lier ni les uns ni les autres.

— Mais quelle est donc cette alliance si relevée que tu rêves pour ton fils? Est-ce un mystère que tu ne puisses me révéler?

— A quoi bon vous le dire? vous vous moqueriez de moi selon votre habitude; d'ailleurs je n'y pense plus, et le projet de Jules, en raison des circonstances, me paraît tout à fait convenable.

— Fort bien; mais encore faudrait-il savoir si, du côté de la comtesse et de sa fille, il ne s'élèvera pas d'objection. D'abord, avant d'aborder la question du mariage, il y en a une foule d'autres à élucider, et pour cela il faut lui parler, s'entendre avec elle, gagner sa confiance, et tu ne sais pas même encore si tu pourrais la voir et en être reçue; car cette espèce d'incognito qu'elle garde depuis son arrivée dans le pays me fait supposer qu'elle tient à ne pas être connue et à ne pas recevoir de visites. Dans tous les cas tu peux toujours demander son adresse à la poste, comme t'y engage Jules; après cela, tu tenteras les démarches nécessaires pour t'aboucher avec elle.

— Mon Dieu, mon frère, vous devriez bien me

rendre le service de demander vous-même ce renseignement à la poste, et m'épargner le désagrément de me trouver face à face avec M°° Bouchard.

— Te voilà encore avec tes idées ! Mais que t'a donc fait cette femme pour t'inspirer une telle aversion ?

— Tenez, pas plus tard qu'hier dimanche, au sortir de la grand'messe, je l'ai rencontrée sur la place de l'église avec sa pimbêche de fille. Je suis passée près d'elles ; elles ne m'ont pas saluée, elles ont même feint de ne pas me voir.

— Que sais-tu si réellement elles ne t'ont pas vue ? D'ailleurs, les avais-tu saluées toi-même ?

— Je m'en serais bien gardée. C'était à elles à me prévenir, ce me semble, et je me serais fait un devoir de leur rendre leur salut. Que dites-vous d'une petite directrice de poste qui ose passer fièrement à côté d'une personne comme moi, sans seulement la regarder ?

— Je dis, ma très chère et honorée sœur, que si tu ne parviens pas à te débarrasser du démon de la vanité qui te possède, il t'occasionnera bien des tourments. J'aurais beaucoup de choses à ajouter sur tes ridicules prétentions et sur ta susceptibilité plus ridicule encore, mais cela me mènerait trop loin. Laissons cela de côté pour le moment, et parlons d'autre chose. Comme il s'agit d'une affaire sérieuse, et que je tiens, pour ton repos, à la voir promptement terminée, je veux bien aller moi-même à la poste m'informer de la résidence de Mme de Valbrun. Retourne chez toi ; dans une heure, au plus tard, j'irai te porter la réponse. »

Avant l'heure écoulée, M. Galtier était à la Sablonnière.

En l'apercevant, sa sœur courut à sa rencontre en s'écriant :

« Eh bien ! quoi de nouveau ?

— Ce que j'avais prévu est arrivé. La comtesse de Valbrun, que Mme Bouchard m'a dit connaître beaucoup, habite effectivement le pays ; mais jusqu'ici elle ne s'est fait connaître à personne, et elle tient à garder son incognito. Les facteurs ignorent son adresse ; elle prend elle-même ou fait prendre les lettres qui lui sont adressées. Si la personne, a-t-elle ajouté, car je ne t'ai pas nommée, qui désire la voir, veut bien lui écrire, elle en recevra certainement une réponse, et peut-être lui accordera-t-elle l'entretien qu'elle désire. » Tel est en résumé sa réponse, et toutes mes questions n'en ont pu obtenir d'autres. Du reste, elle a été on ne peut plus convenable, et elle semblait regretter de ne pouvoir me donner des renseignements plus positifs.

— Tout cela est fort bien; elle a toujours raison à vos yeux; mais enfin est-ce qu'un employé des postes peut cacher l'adresse d'une personne domiciliée dans le ressort de son bureau?

— Mais ce n'est pas ici la directrice de la poste qui cache cette adresse; c'est la personne elle-même qui veut que son adresse reste cachée.

— Que faut-il donc faire maintenant?

— Tout simplement écrire à Mme la comtesse de Valbrun, comme l'a dit Mme Bouchard, pour lui exprimer le désir que tu aurais de l'entretenir au sujet d'une affaire qui vous intéresse l'une et l'autre, en exprimant l'espoir que cette entrevue pourra aplanir les difficultés qui se sont élevées entre vous et facilitera un arrangement amiable également avantageux à l'une et à l'autre.

— Veuillez, je vous en prie, m'écrire le brouillon de cette lettre. Je la copierai.

— Je le veux bien. »

La lettre fut écrite et mise à la poste. Deux jours après, Mme de la Sablonnière recevait la réponse suivante :

« Madame,

« J'avoue qu'à la réception de votre lettre le pre-
« mier sentiment que j'ai éprouvé a été celui d'une

« vive contrariété de voir le secret de ma retraite
« trahi par suite d'une indiscrétion que je ne sau-
« rais ni comprendre ni qualifier; mais j'ai promp-
« tement réprimé ce premier mouvement de mau-
« vaise humeur en reconnaissant le motif qui vous
« engage à me demander une entrevue. Des con-
« testations d'intérêt ont surgi entre nous, et vous
« manifestez un grand désir de les terminer à l'a-
« miable; je partage ce désir avec non moins de
« vivacité, car on ne vous a pas trompée en vous
« disant que j'étais ennemie des procès et que je
« me prêterais volontiers à un arrangement. Oui,
« personne plus que moi ne déteste les procès, et je
« serai toujours disposée à faire tous les sacrifices
« possibles pour les éviter. Seulement, je ne pense
« pas qu'une entrevue entre nous deux puisse ame-
« ner ce résultat. D'abord, je ne suis pas seule inté-
« ressée dans cette chose, et ce que je ferais pourrait
« ne pas être approuvé; ensuite, je n'entends abso-
« lument rien aux affaires, et j'ai remis tous mes
« pouvoirs à un homme intelligent et probe, en qui
« j'ai toute confiance, et sans lequel je ne saurais
« rien résoudre. Vous voyez donc, Madame, qu'une
« conversation entre nous deux ne saurait aboutir à
« rien de définitif. Est-ce à dire pour cela que nous
« devions renoncer à nous accorder? J'apprécie trop

« l'initiative que vous avez prise aujourd'hui pour
« concevoir une pareille pensée. Je suis toujours
« disposée à m'entendre avec vous; seulement, il
« faut le faire d'une manière utile, et je vais vous
« en indiquer les moyens. Mon homme d'affaires
« sera ici dans une quinzaine de jours, pour se
« trouver à l'arrivée de la marquise de Vieilleville,
« qui, elle aussi, depuis longtemps lui a confié ses
« intérêts, et qui porte sur lui le même jugement que
« moi. Si cela vous convient, il se présentera chez
« vous au jour et à l'heure que vous indiquerez;
« vous discuterez l'affaire ensemble ou avec le con-
« seil dont vous jugerez à propos de vous faire as-
« sister; puis, quand tout sera terminé, et que *nos*
« *plénipotentiaires* auront rédigé le *traité*, nous
« pourrons nous rencontrer ensemble pour la signa-
« ture; car je prévois qu'à cette époque je n'aurai
« plus de raison de garder l'incognito, dans lequel
« je désire rester jusque-là.

« Agréez, Madame, l'assurance de ma considé-
« ration distinguée.

« Comtesse de Valbrun. »

M*me* de la Sablonnière fut enchantée de cette lettre. Elle courut la porter à son frère, et lui fit part de ses commentaires avec sa légèreté habituelle.

« Enfin, disait-elle, je vais voir de près cette mystérieuse comtesse... Une fois l'arrangement signé, nous allons devenir bonnes amies, et je ne doute pas que la demande de Jules ne soit bientôt agréée. Ah! à propos, il faut que je lui écrive à ce cher Jules pour qu'il se trouve ici au moment de la transaction, et qu'il fasse connaissance avec sa future. Il paraît que la comtesse de Valbrun connaît la marquise de Vieilleville; tant mieux, elle pourra me présenter au château, et j'aimerais mieux y être présentée sous son patronage que sous celui de Mme Pasquier. Au moins je serai admise dans l'intimité de ces dames, et je n'y serai pas sur le pied de ces petites bourgeoises..., et puis, qui sait ? Si par hasard Mlle de Valbrun ne convenait pas à Jules, il pourrait tourner ses vues du côté de Mlle de Vieilleville, et il s'ensuivrait peut-être un mariage bien plus brillant et tel que je l'avais rêvé.

— Ta, ta, ta, fit M. Galtier en éclatant de rire. C'est plaisir vraiment de voir comme ton imagination et ta vanité travaillent à l'envi; mais j'ai bien peur que ce ne soit ici la fable de *la Laitière et le Pot au lait*. La lettre de Mme de Valbrun est fort polie sans doute; mais je n'y vois rien qui justifie tes prétentions à une liaison intime; je n'y vois pas même qu'elle connaisse Mme de Vieilleville d'une manière particulière, car elle ne te parle d'elle que pour te dire qu'elle emploie le même homme d'affaires, ce qui n'a d'autre but que de chercher à t'inspirer de la confiance dans cet homme. Ce que je trouve de positif dans sa lettre, et qui doit réellement t'intéresser, c'est le désir qu'elle manifeste de terminer à l'amiable votre différend. Je t'engage à t'occuper uniquement du moyen qu'elle te propose d'une façon loyale. Quant au reste, ce sont des rêveries qui ne méritent pas l'attention d'un esprit raisonnable. »

Ces dernières paroles, prononcées d'un ton grave et sérieux, firent une certaine impression sur l'esprit mobile de Mme de la Sablonnière.

« Oui, dit-elle, vous avez raison, mon frère, et je vais ne m'occuper que de l'entrevue que je dois avoir avec l'homme d'affaires de la comtesse de Valbrun. Moi aussi, je suis comme elle, et je n'entends pas grand'chose aux affaires. Je vais donc écrire à Jules de venir en toute hâte; mais je crois qu'il faudrait avec lui un homme plus posé, plus raisonnable, comme vous, mon frère, par exemple.

— A la bonne heure! voilà enfin parler raison. Oui, je veux bien servir de second à Jules; toutefois, n'étant pas moi-même versé dans la connaissance des lois, je prierai M. Beautain le notaire de se trouver à votre maison. Comme il s'agit d'un testament, il connaît mieux que personne les formalités exigées par la loi pour ces sortes d'actes. »

Cette fois le frère et la sœur se séparèrent d'accord, ce qui ne leur arrivait pas souvent.

Dès le jour même et les jours suivants, M⁽ᵐᵉ⁾ de la Sablonnière ne manqua pas de raconter à ses amies et connaissances qui venaient la visiter, comme quoi elle avait écrit à M⁽ᵐᵉ⁾ la comtesse de Valbrun, et que celle-ci lui avait immédiatement répondu une lettre on ne peut plus aimable et gracieuse. Elle se gardait bien de la lire en entier, car elle ne voulait pas que l'on connût le motif qui allait la mettre en relation avec cette dame ; mais elle en montrait l'enveloppe, et faisait remarquer le cachet armorié, timbré d'une couronne de comte. M. Beautain, qui prétendait, en sa qualité de notaire, avoir vu souvent d'anciens sceaux apposés sur de vieux titres, déclara que, sans être versé dans la science du blason, il était persuadé que ces armoiries-là devaient appartenir à une famille qui remontait aux croisades. « Cela ne m'étonnerait pas, dit M⁽ᵐᵉ⁾ de la Sablonnière, car elle est liée avec la marquise de Vieilleville, et elle me parle dans sa lettre de sa prochaine arrivée. » La déduction n'était pas très logique, mais personne ne songea à la relever. On était trop occupé du désir de connaître cette mystérieuse comtesse, et chacun faisait des conjectures à perte de vue sur la retraite qu'elle avait choisie et où elle se tenait si bien cachée.

Une quinzaine de jours après, la marquise de Vieilleville arriva à Saint-Christophe avec sa fille et un nombreux domestique. Le surlendemain de son installation, elle envoya sa carte à toutes les personnes notables de la ville qu'elle avait connues autrefois, avec un billet dans lequel elle exprimait le regret de ce qu'une légère indisposition, suite des fatigues du voyage, ne lui avait pas permis de s'acquitter en personne de ce qu'elle appelait un devoir; mais, en attendant, elle recevrait avec le plus grand plaisir, tous les jours de quatre à six heures du soir, les personnes qui lui feraient l'honneur de la visiter.

Mme de la Sablonnière, à sa grande surprise, avait reçu une carte et un billet comme les autres. Elle en était toute fière; seulement, elle ne comprenait pas comment, ne connaissant pas la marquise de Vieilleville, ne lui ayant jamais été présentée, elle pouvait être l'objet de cette marque de politesse. Tandis qu'elle faisait ces réflexions, elle reçut la visite de Mme Pasquier, la femme du maire. Elle lui parla naturellement du billet de la marquise et de la surprise qu'il lui avait causée.

« Cela vous prouve, répondit en souriant Mme Pasquier, que Mme de Vieilleville, comme je vous l'ai dit, est simple, prévenante, et ne tient nullement à l'étiquette et aux cérémonies.

— Très bien ; mais encore comment a-t-elle su mon nom et mon adresse ?

— Je pourrais vous répondre qu'elle l'a appris par la première personne qu'elle aura interrogée sur les anciens et les nouveaux habitants de la commune ; mais j'aime mieux vous dire toute la vérité. Hier Mme la marquise m'a fait appeler pour différentes choses sur lesquelles elle avait à me consulter, et entre autres pour me demander les renseignements dont je viens de vous parler ; vous pensez bien que je n'ai pas manqué de vous nommer, et aussitôt elle vous a mise sur sa liste.

— Je vous remercie sincèrement de ce service ; cependant je ne sais pas si je dois, pour une première visite, regarder cette invitation, qui ne s'adresse évidemment qu'à des personnes connues d'elle, comme suffisante, ne lui ayant pas encore été présentée.

— Encore une fois, quand je vous dis que vous êtes suffisamment invitée, et même que la marquise vous attend à sa première réunion, qui aura lieu aujourd'hui même.

— Elle m'attend ? comment cela ? expliquez-vous.

— Eh bien, voici l'explication. Hier, au moment où je me suis présentée chez la marquise, je l'ai trouvée occupée à causer avec Mme Bouchard, la directrice de poste, qui, à ce qu'il paraît, lui avait apporté des lettres chargées...

— Voyez l'intrigante ! elle m'envoie par une enfant mes lettres chargées, et elle porte elle-même celles de la marquise !

— Dès que j'ai paru, reprit Mme Pasquier, sans avoir l'air de faire attention à cette réflexion, Mme Bouchard s'est levée...

— Comment ! elle était assise devant la marquise ! interrompit encore Mme de la Sablonnière ; voilà une insolence que je ne souffrirais pas ; et vous avez raison de dire que Mme de Vieilleville est la bonté et l'indulgence même.

— Mais, mon Dieu, laissez là Mme Bouchard, et permettez-moi d'achever. Or donc je vous disais qu'au moment où la directrice allait sortir, la marquise lui a dit :

« — Surtout n'oubliez pas de remettre cette lettre à la comtesse de Valbrun, et de lui répéter de vive voix qu'elle ne manque pas de venir demain de cinq à six heures, et d'amener sa fille avec elle. Elle comprendra qu'il ne m'a pas été possible d'aller moi-même la voir, et elle ne voudra pas retarder plus longtemps le plaisir que j'aurais à l'embrasser. A nous deux maintenant, madame Pasquier, a-t-elle repris aussitôt que la directrice a été sortie.

« — Permettez, Madame, ai-je fait après qu'elle m'a eu dit ce qu'elle me voulait, il paraît que vous connaissez M*ᵐᵉ* la comtesse de Valbrun?

« — Si je la connais? mais oui, je la connais dès l'enfance, et c'est ma meilleure amie.

« — Il paraît qu'elle habite depuis quelque temps notre pays; mais elle garde un si strict incognito, que tout le monde en parle maintenant, et personne ne l'a vue.

« — Eh bien! il ne tiendra qu'aux personnes qui viendront chez moi demain soir de la voir et de faire connaissance avec elle; car je sais qu'elle n'a plus de motif pour garder l'incognito comme elle a cru devoir le faire jusqu'ici.

« J'étais tentée de lui répondre : « En ce cas, Madame, je suis sûre que toutes les personnes qui figurent sur votre liste ne manqueront pas de vous faire visite demain. » Mais j'ai réfléchi que j'allais dire une sottise, car elle aurait pu me répliquer : « Ce n'est donc pas pour moi que l'on viendra, mais pour voir la comtesse; » et j'ai prudemment gardé le silence.

« Voilà, Madame, ce dont je voulais vous prévenir. Comme je vous ai entendu dire depuis quelque temps que vous désiriez faire la connaissance de Mme la comtesse de Valbrun, j'ai pensé que ce serait là une occasion favorable dont vous seriez peut-être bien aise de profiter. »

Mme de la Sablonnière aurait préféré faire cette connaissance d'une manière toute particulière, et non pas dans une réunion nombreuse où elle resterait confondue avec les autres; mais elle n'avait pas le choix, et comme sa curiosité était surexcitée par ce que venait de lui dire Mme Pasquier, elle ne fit plus de difficulté de se rendre à la réunion, et elle dit à son interlocutrice :

« Je vous remercie, Madame, de vos bons renseignements; toute réflexion faite, je profiterai de l'invitation de la marquise, à condition seulement que vous voudrez bien m'accompagner et me présenter.

— Bien volontiers, Madame; vous savez que vous pouvez toujours compter sur moi. En ce cas, nous viendrons vous prendre, mon mari, Mélanie et moi, à quatre heures précises. »

Dès quatre heures et demie le salon de la marquise était rempli par toutes les notabilités de Saint-Christophe de l'un et de l'autre sexe. Mme de la Sablonnière, arrivée une des premières et présentée par M™* Pasquier, avait reçu l'accueil le plus gracieux de la part de la marquise, qui l'avait fait asseoir à côté d'elle. Un siège joignant celui qu'occupait Mme de la Sablonnière était resté vacant. La marquise, en le montrant à la veuve du banquier, lui dit du ton le plus aimable :

« Je sais que vous désirez connaître la comtesse de Valbrun, avec laquelle vous avez, je crois, quelques rapports d'intérêt; je lui réserve cette place à côté de vous, pour que vous puissiez causer plus commodément ensemble. »

Mme de la Sablonnière remercia avec effusion la marquise d'une attention si délicate; puis, se rengorgeant, elle jeta un coup d'œil sur le cercle de dames rangées autour de la marquise, comme pour dire :

« Voyez la distinction dont je suis l'objet; c'est moi qui vais occuper la place d'honneur entre la marquise et la comtesse ! »

Tandis qu'elle faisait mentalement ces réflexions, un domestique, ouvrant à deux battants la porte du salon, annonça d'une voix retentissante :

« Mme la comtesse de Valbrun et Mlle de Valbrun ! »

A l'instant toutes les conversations particulières cessèrent, un profond silence s'établit, et tous les regards se dirigèrent avec une vive curiosité vers la porte. Mais... ô surprise !... Est-ce une illusion ? Au lieu de la noble inconnue qu'on attend, on voit entrer... devinez qui ? Mme Bouchard, la directrice de poste, et sa fille Aurélie ! Et le domestique referme sur elles les deux battants de la porte, comme pour affirmer que c'est bien la personne annoncée qui vient d'entrer.

La nouvelle venue, ou Mme la comtesse de Valbrun, puisqu'il faut maintenant l'appeler par ce nom, a remarqué la surprise dont elle est l'objet, mais sans paraître y faire attention, et elle s'avance, le sourire sur les lèvres, vers la maîtresse de la maison, qui s'est levée pour la recevoir et qui fait quelques pas à sa rencontre.

« Bonjour, chère amie, » lui dit-elle en l'embrassant tendrement. Puis elle embrasse Aurélie sur le front, en lui disant : « Va, petite, rejoindre Isabelle, qui t'attend avec impatience. » En même temps Isabelle vient prendre Aurélie par la main et l'emmène avec elle dans le jardin.

« Mesdames, dit ensuite la marquise, je vous avais promis de vous faire connaître Mme la comtesse de Valbrun, née Marie de Lusigny, mon amie de pension et de toute ma vie : eh bien, j'ai l'honneur de vous la présenter... Quant à toi... Quant à vous, Madame, reprit-elle en s'efforçant de garder son sérieux, je ne vous présente pas les personnes que vous voyez ici, car je pense que vous les connaissez toutes. »]

En disant ces mots, elle fit asseoir son amie dans le fauteuil voisin de celui qu'occupait Mᵐᵉ de la Sablonnière. Celle-ci fit un mouvement, comme si elle eût voulu reculer sa chaise; car si tout le monde avait éprouvé une grande surprise, et cette surprise n'avait rien de désagréable, elle avait été comme frappée d'un coup de foudre, et elle était en quelque sorte anéantie.

Après un instant de silence causé par cette scène inattendue, et qui dura moins de temps que nous n'en n'avons mis à la raconter, Mᵐᵉ Blanchon, répondant aux dernières paroles de la marquise, dit avec assez d'à-propos :

« Sans doute, Madame nous connaît depuis longtemps; mais nous aussi nous la connaissons, sinon par ses titres de noblesse, du moins par ses vertus et les nobles qualités de son cœur.

— Oui, oui..., très bien, madame Blanchon; c'est ce que nous pensons tous. » Telles furent les paroles qui s'élevèrent unanimement dans la salle.

« De grâce, Mesdames et Messieurs, reprit Mᵐᵉ de Valbrun, épargnez un peu ma modestie, je vous en prie. J'ai tâché simplement, pendant mon séjour ici, de remplir mes devoirs du mieux qu'il m'a été possible; si avec cela j'ai mérité votre estime et votre affection, je m'en félicite; mais ce que je puis vous affirmer, c'est que le temps que j'ai passé au milieu de vous a été un des plus heureux de ma vie, qui ne compte, il est vrai, que bien peu de jours heureux, et que je ne vous quitterai pas sans regret.

— Comment, dit le maire, maintenant que nous vous connaissons à peine sous votre véritable nom, est-ce que vous songez déjà à nous quitter?

— Non pas, s'écria la marquise, je n'entends pas cela, moi. Elle va quitter son bureau de poste, que Mme Bouchard pouvait tenir, mais qui ne convient plus à la comtesse de Valbrun; quant à cette dernière, elle viendra habiter ce château, où il y a plus de place qu'il n'en faut pour la recevoir. Sa fille et la mienne seront deux sœurs, qui auront chacune deux mères. Ainsi, après avoir été longtemps séparées, après avoir été éprouvées l'une et l'autre par le malheur, et ma pauvre amie l'a été encore bien plus que moi! nous serons enfin réunies, et nous ne ferons qu'une seule famille. Ah! j'oubliais, fit-elle après une pause un peu étudiée, pour compléter cette union de nos deux familles, nous aurons besoin de vous, monsieur le curé, et de vous, monsieur le maire, en se tournant du côté de ces deux messieurs; je vous remettrai tout à l'heure les papiers nécessaires à chacun pour publier dimanche prochain le mariage projeté entre M. le marquis Maxime de Vieilleville, ingénieur en chef des ponts et chaussées, et M{^{lle}} Aurélie de Valbrun, et celui de M. Louis Bouchard, comte de Valbrun, capitaine de cavalerie, chevalier de la Légion d'honneur, avec M{^{lle}} Isabelle de Vieilleville. Ce double mariage sera célébré aussitôt après l'arrivée des futurs maris, qui se trouvent en ce moment à Toulon; mon fils est allé y attendre son ami, son frère qui arrive de Crimée, où il a gagné vaillamment ses épaulettes de capitaine et sa croix. Vous m'avez, dit-elle en terminant et en s'adressant à tout le monde, donné souvent des preuves de l'intérêt que vous portez à tout ce qui me touche; c'est pour cela que j'ai cru devoir vous faire part de ces projets avant leur publication officielle, comme on le fait, non à de simples connaissances, mais à de véritables amis. »

A ces communications inattendues, faites avec une simplicité et une sorte de bonhomie parfaite, un concert de remercîments et de félicitations s'éleva, mêlés à des vœux pour le bonheur des deux familles.

Une seule personne ne prenait aucune part à ce mouvement général, et elle paraissait, au contraire, fort mal à son aise : c'était Mᵐᵉ de la Sablonnière. Mᵐᵉ de Valbrun s'en aperçut, et, profitant du mouvement général qui régnait dans le salon, elle lui dit tout bas :

« Madame, vous m'avez écrit dernièrement pour me demander une entrevue avec moi ; je vous ai répondu que, n'entendant rien aux affaires, je vous enverrais la personne que j'ai chargée de mes intérêts. Demain, à midi, cette personne sera chez vous ; je vous préviens qu'elle a déjà vu M. votre fils à Paris, et s'est entendue avec lui. J'espère que vous ne ferez aucune difficulté d'acquiescer à cet arrangement, qui vous donnera la preuve de la loyauté que nous avons apportée dans toute cette affaire. »

Mᵐᵉ de la Sablonnière balbutia quelques mots qui avaient l'air d'un remerciment ; puis, profitant de l'espèce de confusion qui régnait, car tout le monde s'était levé et causait par groupes, elle sortit sans être remarquée.

Pendant ce temps-là, Mᵐᵉ de Vieilleville avait remis les papiers à M. le curé et à M. le maire. Ce dernier, en y jetant machinalement un coup d'œil, crut devoir faire cette observation :

« Le nom de Bouchard est donc bien réellement le nom de M*me* la comtesse de Valbrun ; j'avais pensé que ce n'était qu'un pseudonyme vulgaire qu'elle avait pris pendant qu'elle était directrice de la poste.

— Le nom de Bouchard, un nom vulgaire ! s'écria M*me* de Vieilleville ; mais savez-vous, monsieur le maire, que c'est le premier nom de la famille de Montmorency, et que les Valbrun en sont la branche cadette ?

— J'avais bien dit, fit observer M. Beautain à un de ses voisins, que les armoiries de Valbrun remontaient aux croisades. »

Le lendemain à midi, M. Plouvier se rendit à la Sablonnière, comme l'avait annoncé M*me* de Valbrun. Il n'y trouva que M. Galtier. Celui-ci, après avoir décliné ses qualités, montra une procuration de sa sœur qui le chargeait de traiter avec l'homme d'affaires de M*me* de Valbrun. M. Plouvier lui présenta alors une lettre qu'il reconnut pour être de l'écriture de M. Michaud, le beau-frère de M*me* de la Sablonnière, qui avait été gérant de la recette générale dont M. Bouchard de Valbrun était titulaire. Cette lettre était celle que ce mandataire infidèle avait écrite à son patron au moment de sa fuite, et que celui-ci avait remise à sa femme la veille de sa mort.

Après cette lecture et quelques explications ajoutées par M. Plouvier, M. Galtier comprit enfin ce qui lui avait toujours paru louche dans cette affaire. Il reconnut que M. Michaud avait été la cause de la ruine de M. de Valbrun, et que, n'ayant pas été dénoncé par celui-ci, il s'était retiré à New-York, où il avait fait une fortune considérable; mais que, se sentant près de mourir, il avait légué cette fortune à la veuve et aux enfants de son ancien patron, comme une juste réparation du tort qu'il leur avait causé. M. Jules Michaud de la Sablonnière avait attaqué le testament comme étant entaché d'un vice de forme; alors Mme de Valbrun avait produit la lettre en question, dans laquelle Michaud, l'oncle, se reconnaissait débiteur d'une somme plus considérable que la valeur de la succession qu'il laissait par testament.

M. Plouvier, en présentant cette lettre au jeune homme, lui avait dit, et il le répéta à M. Galtier :

« Si vous faites casser le testament, et que vous vous portiez héritier de votre oncle, nous ferons valoir cette lettre, qui nous reconnaît créanciers d'une valeur plus forte que celle de la succession; alors vous serez obligé de nous payer la totalité de notre créance, même sur votre fortune personnelle, et, de plus, la mémoire de votre oncle se trouvera entachée par la publication d'un pareil écrit. Si vous nous laissez paisiblement jouir des bénéfices du testament, nous nous en contenterons, et nous consentirons même à anéantir une pièce qui jette sur un membre de votre famille un déshonneur dont une partie rejaillirait sur vous-même. »

Jules aussitôt avait déclaré qu'il consentait à ce que le testament eût son plein et entier effet. M. Galtier fut du même avis, et il n'eut pas de peine à obtenir le consentement de sa sœur.

Elle partit, immédiatement après avoir signé, pour les eaux de Vichy, et depuis ce temps elle n'est pas revenue à la Sablonnière.

La succession de l'oncle Michaud s'élevait à environ huit cent mille francs. Aurélie, en apprenant que la famille avait recouvré la plus grande partie de sa fortune, s'écria :

« Ah ! tant mieux, au moins je pourrai faire la charité comme autrefois. »

Pour terminer, nous dirons que les deux mariages annoncés furent célébrés avec une pompe dont on garde encore le souvenir dans le pays.

FIN

TABLE

CHAPITRE I — Madame Michaud de la Sablonnière et sa société. 7
— II — La lettre chargé 26
— III — Quelques détails rétrospectifs . . . 50
— IV — Le mandataire infidèle 64
— V — La veuve. 85
— VI — La comtesse de Valbrun. 116

www.ingramcontent.com/pod-product-compliance
Lightning Source LLC
Chambersburg PA
CBHW060137100426
42744CB00007B/816